精益智造转型落地系列丛书

★★★★★

图解精益
五星班组建设

谭梦 王凯 ◎编著

机械工业出版社

CHINA MACHINE PRESS

精益五星班组是帮助企业从传统的指挥型正三角形组织逐步向现代的支援型倒三角形组织转变的基层管理模式，它融合了三星、丰田、华润、华为和福耀等现代企业的管理体系和最佳实践。

本书分为三篇，从五星班组的价值、内涵和落地三个方面进行了全方位阐释，帮助企业彻底理解：什么是五星班组？为什么要建设五星班组？如何确保五星班组落地实施？

本书介绍了五星班组建设的系统方法论，紧密围绕"班组绩效"这个中心，通过"全员管理"七大模块，带领基层班组系统地由一星班组逐步将自身打造为五星班组，构建现代企业基层班组"军、家、校"的三大文化和微型学习型组织。

本书案例丰富、图表详尽、通俗易懂、拿来可用，是全球基层管理及其创新方面不可多得的上乘之作，适合各类企业管理者阅读、使用。

图书在版编目（CIP）数据

图解精益五星班组建设/谭梦，王凯编著. —北京：机械工业出版社，2020.7（2025.5 重印）

（精益智造转型落地系列丛书）

ISBN 978-7-111-65687-6

Ⅰ. ①图… Ⅱ. ①谭… ②王… Ⅲ. ①工业企业管理－班组管理－图解 Ⅳ. ①F406.6-64

中国版本图书馆 CIP 数据核字（2020）第 086103 号

机械工业出版社（北京市百万庄大街 22 号　邮政编码 100037）

策划编辑：李万宇　责任编辑：李万宇

责任校对：潘　蕊　封面设计：马精明

责任印制：刘　媛

涿州市般润文化传播有限公司印刷

2025 年 5 月第 1 版第 11 次印刷

169mm×239mm • 18 印张 • 1 插页 • 294 千字

标准书号：ISBN 978-7-111-65687-6

定价：59.00 元

电话服务　　　　　　　　　网络服务

客服电话：010-88361066　机 工 官 网：www.cmpbook.com

　　　　　010-88379833　机 工 官 博：weibo.com/cmp1952

　　　　　010-68326294　金 书 网：www.golden-book.com

封底无防伪标均为盗版　机工教育服务网：www.cmpedu.com

为什么要创立五星班组这种基层管理体系

把工厂作为学校来办，为发展培养干部。

——曹德旺（中国，福耀）

第 92 届奥斯卡颁奖典礼于美国当地时间 2020 年 2 月 9 日在洛杉矶举行，现场星光熠熠。一部关于中国企业家曹德旺的电影《美国工厂》（American Factory），获得了奥斯卡最佳纪录长片奖。这部发人深省的纪录片，真实地讲述了俄亥俄州代顿市福耀工厂的中美文化冲突，最终，中美员工间的分歧和问题得以解决，工厂开始有了显著的盈利，成为从经济危机中脱颖而出、"铁锈地带"参与经济全球化的一个美国经典样本。而福耀集团董事长曹德旺，成为第一位出现在好莱坞银幕上的中国制造业企业家。

在《美国工厂》这部电影中，通过镜头对当时福耀的美国工厂和中国工厂在盈利、效率、流程、现场和团队上做了生动的对比。同样都是福耀集团的企业，为什么福耀中国工厂与美国工厂有如此大的不同呢？第一，美国工厂是 2016 年四季度才建成启动运营的新工厂。第二，中国经营者要逐步适应中美在法制和文化等方面巨大的差异。第三，福耀集团长期持续打造了一套基于中国人和中国文化的精益管理与五星班组体系，而这些体系在美国人和美国文化下，是很难照搬照抄过去的，必须经历一个长期深刻的变革，才能完全落地。

五星班组是福耀精益管理体系中最大的一个模块，虽然从 2016 年才开始推动，但成果丰硕，颇具特色。福耀集团的总裁叶舒在 2019 年的年度总结时表示，五星班组已经成为福耀集团一张靓丽的名片。

作为五星班组管理体系的创始人，很多人问过我们同一个问题：为什么要创立五星班组这种基层管理体系？

一、五星班组是时代发展的必然产物

1. 工业 3.0 时代，全球绝大部分地区实现了丰富的物资供应，企业的生产方式从产品驱动转变为客户驱动。

工业 2.0 时代，由于物资缺乏，全球范围都是卖方市场，不用太多关注客户需求，只要产品能生产出来，就能卖掉。电力的诞生促使基于流水线的大批量生产方式席卷全球，极大地提升了生产效率，解决了物资匮乏这一难题。

从工业 3.0 时代开始，全球范围内逐步从卖方市场转变为买方市场，个性化逐步成为客户的刚需，企业必须从传统的产品驱动转变为客户驱动。

2．五星班组建设是工业 3.0 时代以后现代企业自我发展的刚需。

现代企业必须实现客户驱动：贴近客户并快速反应。因此，决定了现代企业必须是支援型倒三角形组织，基层直接面对客户。而传统企业的指挥型正三角形组织，是无法实现真正的客户驱动的。传统企业的正三角形组织与现代企业的倒三角形组织如图 0-1 所示。

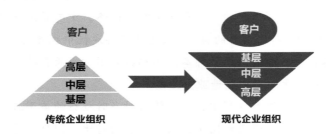

图 0-1　传统企业的正三角形组织与现代企业的倒三角形组织

3．五星班组管理体系是帮助企业从传统正三角形组织逐步向现代倒三角形组织转变的基层管理模式。

站在基层管理的角度来看，从传统正三角形组织向现代倒三角形组织转变的必要条件有三个：企业有较完善的基层标准流程体系和持续改善体系；企业有基层管理者和基层员工的能力训练体系；企业有基层组织的被授权体系和快速反应体系。

要构建这些体系，必须基于一系列的方法论，一步一步地通过班组的项目改善和日常改善来实现。

二、五星班组管理体系是全球企业班组建设的先进方法论集合

1．五星班组管理体系融汇了西点军校和中国军队的管理方法、德国和日本的工匠精神，是打造全球企业基层团队执行力的先进方法论集合。

通过"军文化"的营造,提升基层团队的标准遵守率、永不放弃的执行力和精益求精的执着度。

2. 五星班组管理体系融汇了西方的管理经典和中国的国学精髓、西方尊重员工和中国舍小家为大家的劳资传统,是构建全球企业以人为本的企业文化的方法论集合。

通过"家文化"的营造,构建企业尊重员工和以人文本的基础,提升基层团队的归属感、快乐度、和谐性和凝聚力。

3. 五星班组管理体系融汇了中国的"鞍钢宪法"和儒家文化、日本丰田为主的 TPS 改善文化、韩国三星为主的经营革新、美国的 MBA 教育和学习型组织,是打造全球企业基层学习型组织的方法论集合。

通过"校文化"的营造,打造持续改善的微型基层学习型组织。

4. 五星班组管理体系在我国经历了二十多年实践的孕育而成形。五星班组始于 20 世纪 90 年代我们在三星(中国)十几年的经营革新活动;2007 年后,我们在可口可乐、百事可乐、本田、飞利浦、格力、美的、中粮、南方航空等数百家知名企业开展了上千天的班组管理培训;2010 开始,我们在华润、华为、比亚迪、福耀、卡尔蔡司、江森、意玛克、许继、TCL、华阳、深圳地铁和蓝思科技等数十家集团开展了基层管理咨询项目。基层管理的方法论在这些企业中整体或者部分的最佳实践,成就了今天的五星班组管理体系。

三、五星班组是中国新生代员工自我实现的精神家园

1. 从制造大国迈向制造强国,首要任务是从国家战略层面解决中国制造人力资源的可持续发展问题。

1) 改革开放四十年,企业中高层人员的选育用留的投入逐步接近国际水平,但对基层组织和基层员工的人力资源开发投入远远不够。以薪酬为例,人力资源咨询企业美国美世(Mercer)调查了企业的薪酬发现,日本企业的部门经理级的薪水低于中国企业,职务越高,日企高管的薪水就越低于中国企业;与之相反,职务越低,日本企业基层员工的薪水就越高于中国企业。而中日企业在教育、培训等人力资源再开发方面的投入,也基本符合这个规律。

2) 德国的"双元制教育"和日本的"终生雇用制+改善文化"确保了作为制造强国的基层员工的持续稳定与发展。中国企业基层员工的稳定性一直是很

难解决的痛点问题。

3）五星班组建设将重铸基层人员的能力和稳定性，重构可持续发展的人力资源系统。

2．以人为本是新生代员工踏入并留在制造业的基本需求，如果还停留在人口红利时代的用工思维和基层管理模式，则不可能持续发展。

3．通过五星班组建设，重塑制造之魂，才有可能打造中国基层员工与德国、日本等制造强国相媲美的工匠精神。

4．通过五星班组建设，驱动基层班组和员工的改善、创造和创新精神，点燃员工自我实现的梦想。

我们正在中国国际贸易促进委员会商业行业委员会的指引下，申请五星班组管理体系的团体标准（《制造业星级班组建设与评价规范》团体标准，项目计划编号为：CCPIT-CSC-JH201999）。当今中国，正在展开"一带一路"的宏伟蓝图，越来越多的中国企业正在走向世界。它们在输出资本、技术的同时，迫切需要中国的智库机构输出中国特色的管理，助力中国企业"走出去"，促进它们与全球工厂的融合，加速它们全球化的进程，最终造福全人类。因此，中国国际贸易促进委员会商业行业委员会正在积极推动，协调国际利益相关方，策划提案五星班组成为 ISO 国际标准。本书作为《制造业星级班组建设与评价规范》团体标准的配套教材，肩负着普及与推广五星班组管理体系的使命。我们期待本书将五星班组管理模式及系统性的方法论快速地传播给全球企业，提升全球制造的管理水平！

谭梦　王凯

目录 Contents

第1篇

价值篇：五星班组的管理模型与价值

未来的战争是"班长的战争"。

——任正非（中国，华为）

企业班组的问题及发展方向

> 5G时代：建基地、抓基层、打基础、固基本、化基因

为什么任正非要说"未来的战争是'班长的战争'"呢？现代企业和现代战争一样，投入的人员越来越少，硬软件装备越来越先进，基层能力大幅度提升和指挥权前移是必然趋势。

班组管理是企业里最小的组织单元，是企业各模块管理的末梢神经、末端细胞，是企业的免疫系统（图 1-1）。五星班组打造基层管理的 5G 时代：建基地、抓基层、打基础、固基本、化基因。

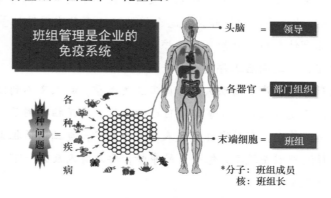

图 1-1　班组管理是企业的免疫系统

★★★★★　1.1　传统班组管理常见的问题　★★★★★

在传统企业中，由于考核机制的导向等多种因素，大部分班组只注重生产任务的完成，而忽视班组的基础管理和团队建设，不仅班组的效率和绩效差，

也限制了班组的成长，同时制约了企业的发展，往往会"因为基层的跛脚，白费了高层的大脑"。事实上，因为基层班组的执行力和竞争力不足，导致企业战略无法有效落地的现象比比皆是。

那么，在传统的班组建设管理中，到底有哪些主要问题呢？

1.1.1　班组长的角色和能力问题

在传统的企业管理中，班组长往往是由生产骨干或技术水平高的员工晋升而来，其生产技术能力过硬，但缺乏相关的管理技巧与管理经验，再加上大多数企业培训跟不上，因此，大多数班组长都将工作重心放到其擅长的生产技术问题的解决上，在管理、人员、人才梯队、团队建设等方面，缺乏有效管理和应对措施，所以虽然忙得晕头转向，整天救火，搞得自己身心疲惫，但是班组的管理工作仍然像一团乱麻，很难走上正轨。

下面是我们在 2016 年开始辅导某企业时的一个真实的案例。

 案　例

樊小茫是某家生产企业的班组长，某天正在开早会安排工作时，接到了车间主任的电话："小茫，你们昨天是怎么搞的，A 产品出现了批量划伤，这都没发现，要你有什么用，赶紧来后工序！"

小茫听完，一边向后工序走去，一边心里面琢磨。

最近天气热了，产量波动大，老员工流失严重，新人又不到位，好不容易来了两个人，又没有人带，大家都是自己管自己，真是扫把倒了，都没人扶一下。这些还都不算完，有时候真是气人，有问题了，员工们怕担责任，相互推诿，都会选择沉默避而远之，像今天的事情，要是有人反馈一下，我们加个班返修一下，就没事啦。

现在的新员工都是 90 后，在家成长过程中比较以自我为中心，吃苦和团队协作精神不足，到了工作现场个个都跟大爷似的，也不好管，也不好带。

自己昨晚加班到半夜，还是出了这档子事，哎！这个月的奖金也没了，还有生产骨干小刘昨天还提出辞职，这可怎么办？待会儿一定要向主任说一下，如果一直像这样到处救火式的工作，我可顶不住，不行自己不干算了。

还没等小茫走到后工序，电话又响了起来，主控打来电话："班长，赶紧过来救急啊，B品种调试都十几片废品了，还是做不出来，参数什么都是按照上次的数据做的，就是做不出来，这可怎么办啊？"小茫一听就火了："要你做什么，这个都做不出来，去看看是不是设备出了问题！还有那个材料，你也看一下！"挂完电话，小茫心里嘀咕，底下都是些什么人啊，真是没用，没能力不说，还都没责任心。

还有那个设备科，一台设备都修不好吗？还整天赖我们操作不当，只用不保养，公司养着你们干什么？真是一群光吃饭，不干活的家伙。前工序也真是的，合格不合格的都偷偷往下放，搞得我们这么辛苦！下次一定要严重投诉下他们……

小茫心里嘀咕着，脚下被一个东西绊了一下，一个趔趄摔倒在地上，手被地上的碎玻璃划破了。这是谁干的啊，这个东西怎么能放在通道上，一点素质都没有……

这个案例中，突出问题就是班组长的角色认知错误和能力不足，导致班组成员的积极性和潜力未发挥。

首先，班组长应该改变自己的角色定位，应符合"三不要"（图1-2）、"六要"（图1-3）。

- 班组长要做指挥，明确方向、目标和节奏；
- 班组长要做教练，做好下属的工作教导；
- 班组长要做导演，制定计划、筹集和调配资源工作；
- 班组长要做沟通者，倾听心声、上传下达；
- 班组长要做助推器，激励和推动团队；
- 班组长要做楷模，以身作则、身先士卒

- 班组长不要做替员工包办的家长；
- 班组长不要做事后监督的警察；
- 班组长不要做到处抢险的消防队员

图1-2　班组长角色的"三不要"　　　图1-3　班组长角色的"六要"

其次，班组长要基于角色的"六要"，提升自己对班组的目标管理、工作教导、计划组织、沟通协调和激励的能力。

1.1.2　现场管理的问题

1. 生产库存过量，现场混乱

在传统的企业管理现场，为了保证交付、减少待料停机等现象，通常采用积压库存等方式来解决，导致现场的来料、成品、半成品堆积如山。由于物品/

工具缺乏统一规划和有效的管理，现场工具摆放随意，用的时候找半天，不用的时候绊倒人。

- 箱子、料架、杂物等堆积，阻碍员工作业；
- 寻找零件和工具会浪费时间；
- 过多的现场物品隐藏了其他生产问题；
- 不需要的零件和设备放置在现场，影响现场生产；
- 对于客户要求反应速度慢。

我们在辅导企业时就亲身经历过这样的现场管理：**想要的物品找不到；找到的物品不能用；能用的物品数量少。**

案 例

"谁把我们的扳手拿走了，真是不看时候。"设备操作员小李一边调整设备，一边寻找工具，"刚才不还在吗，真是奇怪，怎么那个千分尺也找不着了，真是急死人了。"小李不由得心里开始着急，刚才班长还通知，下午要检查5S，那堆半成品还要整改挪位置呢，都放了好几个月了。

正想着，同班的小宋扯开了嗓子："谁干的，这东西怎么放到我们这里来了，影响我干活，赶紧拿走！"小李顺着声音方向一看，不知道谁把一堆材料放到了小宋放半成品的地方了。再定睛一看，有几个废品也好像在绿色架子上，怪不得有时候明明检过的产品，也有由于不合格而退货的。再往远处瞄一下，过道上还有现场的包装箱材料，那个检验的工作台好像也是乱糟糟的，磨具摆放的也好像有点乱，再看公用的工具柜（图1-4），真是看不下去了……

图1-4　混乱的工具柜

此案例的问题表现如下：

1）对长期堆放不用的物品习以为常。由于长期不对库存进行盘点，导致生产现场堆放过量库存（图1-5）。一些不需要甚至已作废的产品、呆滞品堆积在现场。这些物品不仅占用了生产的场地，同时也会体现在账上，打破库存平衡，占用流动资金，成为成本黑洞。

图1-5　生产现场的过量库存

2）维修间（图1-6）和化验台（图1-7）杂乱不堪，将需要和不需要的物品混放；现场没有铭牌标识，将良品、不良品、在产品混放，导致识别上的困扰；物料与工具定位不清、缺乏定量管理，经常发生错拿错用的事件，导致质量事故。

图1-6　杂乱的维修间

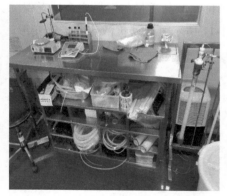

图1-7　物品混乱的化验台

2. 设备保养不到位，带病工作，故障不断

在传统企业里，由于没有全面生产维护（TPM）的理念，生产设备连轴转，人停"马"不停，只要设备不故障停机，就一直连续生产，设备的清扫、保养、润滑、点检流于形式，出现链条润滑油过量（图1-8）、机器导轨缺乏清洁（图1-9）等情况，导致故障停机频发，生产计划被打乱，生产效率低下。

图1-8　链条润滑油过量

图1-9　机器导轨缺乏清洁

3. 标准化作业程度不高，安全、质量异常波动

在传统企业的生产现场，员工作业没有统一的作业标准，有的即使有标准，也缺少必要的培训和检查，或者标准本身就存在问题，因此很多情况是只要求员工能够生产出产品，无人关注有没有按照标准作业，结果就是员工作业随意性强，每个人都按照自己的方法进行生产操作，安全、工艺等要求与措施落实不到位，产品质量与现场安全缺乏保障。如图1-10所示，设备限位件变形；如图1-11所示，电动机散热防护罩变形。

图1-10　设备限位件变形

图1-11　电动机散热防护罩变形

由于以上现场管理存在的种种问题，许多企业的班组管理处于：5%时间教育训练，5%时间现场改善，10%时间日常例行工作，80%时间异常救火的工作模式。最终造成的结果是，基层员工离职率高，质量不稳定，交付难以保障，生产成本高，管理指标不稳定，由此形成恶性循环。

1.1.3 班组团队管理的问题

目前许多企业的核心价值观没有真正地在企业中形成，企业管理层的管理文化中也就没有固定的价值内涵。所以，企业从上到下都不清楚：我们这个企业的使命是什么？我们管理团队的使命又是什么？那么，企业班组团队的使命就更加不知道是什么了。

带来的结果有三。

其一，班组的管理方式简单粗暴。班组长与组员、组员与组员之间缺少沟通或者只是单向沟通，指令式沟通。从组员的角度来看，会让人感觉其责任心不强，只听从班组长的命令行事，而不判断正确与否，唯"命"是从。由于沟通不足，不仅班组的工作效率低下，甚至会影响作业安全。

其二，班组长和成员之间的信任度低。现场发生问题，组员很少主动进行报告，能隐瞒的就隐瞒，能不报的就不报，结果本来是小问题的，由于未及时处理成为大问题，是小缺陷的成为大事故。班组长把所有问题归咎于组员，一旦问题发生，不是罚款就是批评。

其三，班组内部人际关系淡薄、亲和力不够。班组成员人心涣散、得过且过，无法形成共同的目标，导致团队士气不高，凝聚力不强，直接影响班组的战斗力和工作推进力度。这种缺乏共同目标又没有班组团队意识的班组，只能是一个见利勇为、只能同富贵不能共患难的团队，其绩效往往都很差。

★★★★★ 1.2 大家期待的优秀班组是什么样子的 ★★★★★

面对以上的问题和状况，无论是企业管理层、基层管理者，还是基层的员工，都会有很大的不满。面对这个问题，大家就真的束手无策吗？

首先，一起来思考一下：我们心里期待的班组是什么样子的？一个优秀的班组应该是什么样子的？

答案是，一个优秀班组应该具备"四个卓越"和"三大文化"，这也是五星班组管理体系建设的目标（图 1-12）。

图 1-12　五星班组管理体系建设的目标

1.2.1　优秀班组的"四个卓越"

一个优秀班组应该具备"四个卓越"，如图 1-13 所示。

图 1-13　优秀班组的四个卓越

1．卓越绩效

一个优秀的班组，在生产的 QCDS 指标上，一定是质量稳定、成品率高，成本可控，交付及时，安全零事故的班组。并且通过指标推移来看，无论是在成品率、生产单耗，还是人均生产率方面，优秀班组都是稳中有进、不断提升的班组。

2．卓越现场

优秀班组的生产现场好、干净整洁，设备状态良好，目视化水平高。无论是物料管理、成品半成品管理、设备管理、工具工装管理，都清晰明了、定位准确、数量可控、层次分明、秩序井然。

3. 卓越流程

优秀的班组架构完整，责任明确，分工合理。不仅生产现场布局合理，物流也配合紧密，运转平稳有序。所有重复的作业都形成了规范的标准和流程；发现问题、解决问题后都会形成新的标准；员工的工作有章可循，做到"No Standard，No work（没有标准，不能工作）"，并且有章必循，严格按标准作业。

4. 卓越团队

优秀的班组，团队成员立足岗位技能，彼此技能互补，不断钻研，提升技术和专业水平。优秀班组的成员有团队意识，个人目标与企业的组织目标方向高度统一，目标认同度高。班组成员面对问题不回避，以发现问题和解决问题为导向，以现状和目标为依据，立足现场，不断总结梳理，寻找改善的机会，通过各种工具方法，对现场和管理进行持续的优化和改善。班组成员之间沟通交流顺畅，工作、生活彼此互助互勉，内外部的沟通交流分享等平台与机制完备。班组培训学习与人才培养的传帮带等培训机制完善，人才成长与晋升通道畅通，形成"比学赶帮超"的良性竞争与学习氛围，形成能够对结果负责的自主经营的微型学习型组织。团队成员归属感强，组织稳定有活力。团队成员彼此之间高度信任，团结一致，士气高昂，集体荣誉感强。

杰出的个人一定出自杰出的团队！

5. "四个卓越"的班组案例

福耀集团从2016年下半年开始系统地推进五星班组，通过三年多的时间，福耀的基层班组管理已逐步迈向"四个卓越"。

下面简要摘录几组福耀集团五星班组建设相关的数据来说明，见表1-1。

表1-1　福耀集团五星班组建设相关的数据

年度	OPL 数量/次	人均改善提案数/件	改善收益/万元	精益黄带人才/位
2016 年	223	0.6	24	0
2017 年	6553	2.48	860	2520
2018 年	8903	5.75	10929	4007
2019 年	10599	5.8	12268	4784

注：OPL——One Point Lesson，单点课程、一点课。

1）卓越绩效：请参见 2016—2019 年的人均改善提案数（图 1-14）和改善收益（图 1-15），图中所示增长情况一目了然。

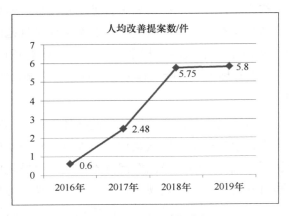

图 1-14　人均改善提案数

图 1-15　改善收益

2）卓越流程：参见 2018 年的标准化文件输出（图 1-16）和 2016—2019 年 OPL 数量（图 1-17）。

另外，2019 年度设备平均故障间隔 MTBF 提高 19.65%，每一次故障维修的时间 MTTR 缩短 6.62%。

3）卓越团队：参见 2016—2019 年精益黄带人才（图 1-18）。

另外，2019 年，福耀二星以上班组员工的超产收入提高 29.1%。

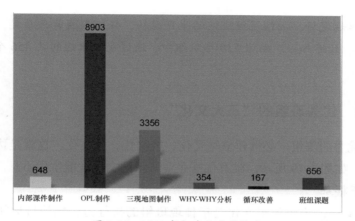

图 1-16　2018 年标准化文件输出

图 1-17　OPL 数量

图 1-18　精益黄带人才

4）卓越现场：福耀星级班组的生产现场，任何人随时来参观，不需要做任何准备，始终如一。福耀539个班组中，通过星级班组的共456个，通过率为84.6%。

1.2.2 优秀班组的"三大文化"

一个优秀的班组，必须建立军文化、校文化、家文化，这就是优秀班组的三大文化，如图1-19所示。唯有优秀企业班组的文化才能生生不息，为建立百年企业打下根基。

- 军文化：班组的军文化是指体现班组的执行力、挑战目标能力的组织基因。
- 校文化：班组不断学习新技术、新方法、新工具和接受新理念的组织基因。
- 家文化：班组团结一致爱护自己工作和生活的家园、让班组有一种家的味道的组织基因。

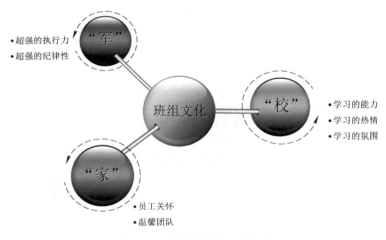

图 1-19　优秀班组的三大文化

看过纪录片《美国工厂》以后，就能强烈地感受到福耀中国工厂的"军文化、家文化和校文化"。

★★★★★ 1.3　五星班组：传统班组转变成 ★★★★★
★★★★★ 优秀班组的组织变革工程 ★★★★★

　　企业要想从传统的班组转变为大家期待的优秀班组，仅仅班组长这个层级努力是不可能实现的。班组建设是企业从上到下一起来关注打造、全员参与的组织变革工程（图1-20）。这也是为什么五星班组建设必须上升到公司层级的根本原因。

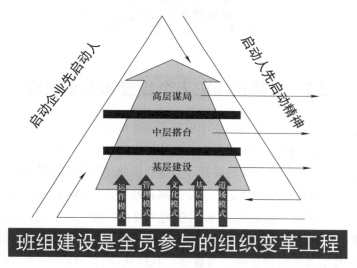

图 1-20　班组建设是组织变革工程

第 2 章

推行五星班组的价值

传统的企业拼高层
优秀的企业拼中层
卓越的企业拼基层

★★★★★ 2.1 五星班组的五个维度和五个星级 ★★★★★

一家著名的咨询公司在调研完丰田等卓越企业以后，得出一个结论：传统企业拼高层，优秀企业拼中层，卓越企业拼基层。为什么这样儿说呢？全球竞争的白热化，加速了企业管理水平的提升。当企业成熟度和中高层管理者能力提升到一定水平时，班组管理水平决定了企业战略和政策执行的深度和广度，这就是所谓"卓越企业拼基层"的寓意，"班组强则企业强"也来源于此。五星班组就是在越来越多的企业认识到了这个道理的背景下，萃取众多企业最佳实践的结晶。

五星班组是以班组建设活动为载体，从团队建设、现场管理、成本控制、高效生产、完美品质的五个维度（图 2-1）上得到系统改善与提升（图 2-2），实现客户、员工、企业三赢目标的一线班组管理体系。

五个维度	改善方向
【高效生产】	快速转产、计划达成、效率提升
【完美品质】	不接受、不制造、不流出不良品，标准品质管理模式
【成本控制】	成本控制体系、特别活动开展
【现场管理】	5S、目视化、TPM、安全
【团队建设】	团队构建、目标管理、人才培养

图 2-1 五星班组的五个维度　　　　图 2-2 五星班组五个维度的改善方向

班组按照管理水平划分为五个等级，一星班组、二星班组……，代表了班组建设的努力方向和目标，五星为班组最高星级，所以称为五星班组，也叫作星级班组。五星班组建设的范围包含：生产型班组和非生产型班组。

★★★★★ 2.2 五星班组的建设模型 ★★★★★

要建设五星班组，主要从五个等级、13 个专题（可以更多）来进行，参看图 2-3 五星班组的建设模型。

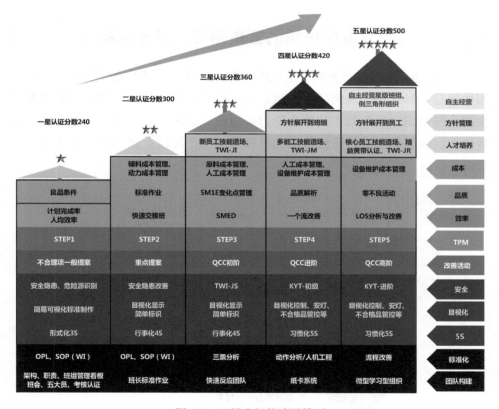

图 2-3 五星班组的建设模型

1）通过团队建设活动，包括团队构建、人才培养、改善活动、方针管理、自主经营，提升班组凝聚力及员工素质，达成团队目标。

2）通过现场管理活动，对现场流程、管理流程进行全面的梳理和完善，形成标准化，让生产实现稳定、高效和流畅，将 5S、目视化、安全、TPM 根植在员工思想和日常管理中。

3）通过成本控制活动，建立有效的成本管控机制，为公司实现精益型企业提供坚实的基础。

4）通过推进高效生产活动，对生产过程效率实施有效管控，确保生产高效运行。

5）通过开展完美品质活动，如良品条件、标准作业、5M1E 变化点管理、品质解析、零不良活动，确保产品质量满足客户的要求。

★★★★★ 2.3 五星班组的晋星路径：五年五星 ★★★★★

一般来说，大部分企业的五星班组均采用"五年五星"的推进路径（图 2-4），而如果有人和你说，班组建设一两年就可以了，应该只能传授和了解相关模块的一些知识，因为知识转换为能力必须经过比较长时间的持续推进、效果转化和沉淀固化。五星班组推进的过程分为三个阶段：建基础、提能力、战极限。

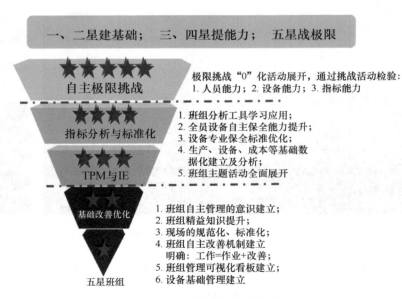

图 2-4　五星班组推进路径

2.3.1　第一阶段：基础构建期

第一阶段属于基础构建期，也就是一星、二星辅导和认证的过程。这个阶段通常的做法是，在企业现有的班组建设的基础上，选定样板区，引入先进的管理理念与务实的管理方法，建立班组管理机制、优化班组建设，创建出企业卓越班组管理模式，选出优秀标杆，迈出规范班组建设第一步。

这一阶段重点推进团队构建、5S、目视化、提案管理、安全、效率、品质、成本等。这就像军队一样，军队里面管理的最小组织也是班组，新兵入伍并不是马上进行战斗技能培训，首先需要把每一位社会人变为军人，所以训练从列队、站军姿、整理内务等开始，难道练这些就能参加战斗吗？不能，但是，却能让班组中的每一位成员学会遵守纪律，提升团队的执行力。班组建设的基础构建是从现场管理开始的，即"整洁就是纪律"。

2.3.2　第二阶段：能力提升期

第二阶段属于成长期，认证三星至四星。这个阶段的特点是，通过职能部门对一线班组进行帮扶，帮助一线班组成长，打通职能部门与生产一线的"墙"。这也是精益五星班组建设方式与企业精益推进模式相比非常重要的差异所在。

这一阶段要求企业的各职能专业部门定期开展"五个一"活动（月度/季度）。第一，与班组进行一场对话，打通工作关系，相互认识、深入沟通；第二，走进一次现场，了解现场的现况，现场学习提升自己的实际运营能力；第三，完成一次区域的现场诊断，对照目标帮助班组查找问题，找出提升的方向；第四，参加一次班组活动，了解班组的需求，相互建立信任；第五，解决班组一个问题，为帮扶的现场班组提供资源解决问题，让班组树立信心。真正让管理服务一线，管理下移。在生产中，经常会遇到职能部门，例如技术、工艺部门，抱怨一线班组工作能力差，可是职能真正给过一线班组的帮助有多少呢？一线班组需要帮助成长的过程，在成长过程中形成可借鉴、可参考、可复制的系统化成果，逐步复制推广到各个工厂，复制过程中强调创新和再优化，塑造"比学赶帮超"氛围，以争创活动和竞赛机制深入升级，做深、做广。

这一阶段重点推进班组自主运营机制，实现全员设备管理、全员安全管理、全员质量管理、全员成本管理的基础人才培养等。整个阶段就像武侠小说里面描述的：小和尚进入少林寺后，基本功已经练成，从而进一步开始向老师傅学习拳法、刀法、剑法，学习各种套路来提升自身的能力。对于班组成员也是如此！

2.3.3 第三阶段：极限挑战期

第三阶段属于成熟期，认证五星。利用前两个阶段班组建设成果，即团队的执行力、团队的标准完善、团队的能力提升、团队的管理体系建立，来开展极限挑战活动，从而实现对前面 4 个星级的成果检验，真正检验团队实战综合能力！这一阶段不是挑战员工的体力，而是挑战班组的智慧、执行力、标准完善度和管理流程能力。

有一句话很有道理：手中有剑，敢于亮剑，才能赢得尊重。每个班组要想在企业中赢得尊重，不被对手超越，只有一个办法，就是班组要持续奔跑，持续挑战更高的目标。这样的班组才有立于不败之地的底气！

五星班组的最高境界就是"挑战极限"，即开展"DREAM TIME"活动、机制创新和改善大会。正如小说里武林中人人向往的华山论剑，只有融汇了很多套路招式、自成一体、炉火纯青、武功盖世的大师，最终才有资格参与华山论剑。

★★★★★　2.4　五星班组推进的特征　★★★★★

五星班组推进的特征包括：一个中心、三大文化和七个全员管理（图 2-5）。

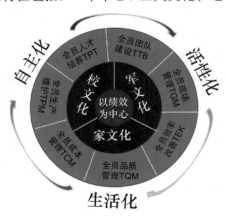

图 2-5　五星班组推进的特征

- **一个中心**：以绩效为中心。
- **三大文化**：军文化、校文化、家文化。
- **七个全员管理**：全员生产维护 TPM、全员品质管理 TQM、全员效率改善 TEK、全员成本管理 TCM、全员现场管理 TGM、全员团队建设 TTB、全员人才培养 TPT。这是五星班组建设的主要方法论。

★★★★★ 2.5 五星班组推进的意义 ★★★★★

我们从班组、员工、管理者、企业和社会五个层面（图 2-6）来理解五星班组推进的意义。

图 2-6 五星班组推进意义的五个层面

1. 班组层面

管理的进步能带来组织的进化，福耀集团董事长曹德旺曾说过："一个优秀的组织，必须实现从传统的火车模式向现代的动车模式的转变。"推行五星班组，就是为了在基层组织中实现由火车模式向动车模式的转变。这在组织进化中，是最难的环节，也是最彻底的环节。

传统的火车只是由前面的车头牵引后面的车厢，五星班组的推行会让每个班组成员都成为类似动车组中的动车，发动班组成员就相当于发动每组动车的电动机（图 2-7），让班组更好地动起来，从而实现由传统的班组长一人战斗转变为班组全员战斗，由传统自身的成长发展到团队的成长，使每个人都发挥主观能动性，不断通过现场、质量、流程改善达到全员持续改善，塑造家文化、校文化、军文化。

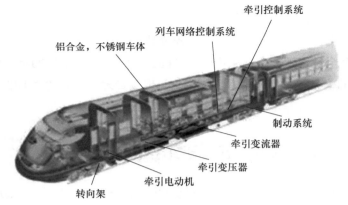

动车组有牵引电动机的不只是火车头，每个动车组都有牵引电动机

图 2-7 动车组系统集成

2. 员工层面

对于员工层面来说，推行五星班组可以使每个人享受到改善带来的直接成果，工作更加轻松，更快乐地工作，更强的归属感；同时，五星班组加速了员工的能力提升和成长，提升员工的自身价值，获得他人尊重，获得更多晋升的机会。例如，福耀集团、深圳地铁等企业推动的班组五大员，华为和 TCL 等企业员工技能培训中心训练的教练级员工，证明了基层员工是可以快速提升的。图 2-8 所示为福耀集团的 "十大改善达人" 奖颁奖仪式。

图 2-8 福耀集团的"十大改善达人"奖

3. 管理者层面

对于中高层管理者来说，传统的管理大部分时间用于救火，用于向下帮助基层管理者救火。推行五星班组可以使基层管理正常化，中高层管理者有更多的时间用于管理工作，更多的时间用来思考和推行改善，更多的时间用于团队成长。在华润集团和许继集团等企业推动的标杆门店、标杆车间和标杆工厂等是企业管理下沉、能力提升的最佳实践。

4. 企业层面

对于企业来说，通过推行五星班组，不仅能提升企业在质量、成本、交期、安全、员工士气、效率等方面的成果，也能提升企业的绩效，实现利润最大化和可持续发展。同时，通过五星班组营造改善氛围，调动全体员工参与的积极性，继而打造高效的团队，培育持续改善的企业文化，彻底实现班组自主经营管理，提升企业的竞争力。这样的经历过五星班组建设的企业，一定会更容易获得客户的认同，为客户创造更大的价值。比亚迪和福耀双方都对五星班组有高度认同，福耀集团生产的玻璃自然就特别受比亚迪的信赖。

5. 社会层面

按照五星班组建设的方法论一步一步地进行打造，最终有很多班组通过五星认证的企业，在任何行业都会成为领先的标杆企业，也一定会成为全球优秀的雇主。这样的企业，既能为股东和社会创造巨大的财富，是国家真正的"造币机"；也能为社会培养大量的各层级优秀人才，是国家宝贵的人才"集中营"；还为众多企业树立了可以借鉴的管理标杆，是国家鲜活的管理"教科书"。

第2篇
内涵篇：五星班组的推行方法和工具

没有有效培训的员工，是企业最大的成本。

——松下幸之助（日本，松下）

第 3 章

全员团队建设 TTB

> **任何一个机构，基层组织建设往往都是短板中的短板。**

在企业咨询过程中笔者发现，80%的企业在班组组织建设和团队建设方面存在比较严重的问题，具体的表现如下：

1）班组长不脱产；

2）班组管理幅度非常大，一个班组长要管理 15 人以上，甚至 30～50 人；

3）班组中，只有班组长一个人在战斗，其他的员工都是被指挥者和观望者；

4）没有规范的班前会；

5）没有规范的交接班；

6）没有规范的日清和班后会；

7）除了工作，基本没有其他常规的班组活动；

8）没有班组管理看板，或者流于形式，或者置之不理；

9）班组长不知道每天应该做什么？要么没完没了的救火，要么做自己喜欢和会做的事，而不是做自己应该做的事；

10）班组没有发生问题后的快速反应团队和流程；

11）班组的激励机制非常弱；

12）太多了，……，不一而足！

为什么会出现这么多的问题呢？因为，对于任何一个机构来说，基层组织建设和团队建设往往都是短板中的短板。要做好五星班组建设，基层组织建设和团队建设首当其冲，是基础中的基础，所以五星班组建设的第一个模块就是全员团队建设。

全员团队建设的英文为 Total Team Building，简称为 TTB。它包括班组的组织架构、班组长的标准作业、五大员、班组目标、管理看板、班前会、交接班、快速反应、日清、班后会、激励机制、微型学习型组织等十几项内容。本章下文介绍其中的一些重点内容。

★★★★★ 3.1 五星班组的组织架构及五大员 ★★★★★

班组是企业生产经营活动的最小活动单元，企业的方针政策和生产任务最终都要通过落实到班组来达成。一个规范班组的组织架构应该是什么样的呢？

1．班组的管理幅度

丰田的每个班组长管理4～8名员工，一般不超过8人。为什么这么小的管理幅度呢？不是倡导扁平化组织吗？管理幅度的大小跟管理者和下属的成熟度息息相关，在班组长和员工职业成熟度都不高的情况下，一味地推行大幅度的扁平化组织，会因为沟通不足、管不透造成"夹生饭"，企业的质量和效率低，最终是得不偿失的。

中国企业的班组管理幅度普遍高于8个，怎么办呢？第一，回到丰田的管理幅度；第二，在推行五星班组的过程中，可以采用班组五大员的基层组织形式，这里五大员的构成是五星班组建设中特有的。

2．班委组成

- 当班组人数>15人时，班组中除了班组长以外，设立班委的五大员。
- 当8人<班组人数<15人时，班组中除了班组长以外，设立班委的三大员。
- 当班组人数<8人时，班组中除了班组长以外，班委设立一名指导员。

3．班组角色及职责

班组长是班组中唯一全职脱产的管理者，他的主要职责分为两部分：生产正常时的班组管理和生产异常时响应员工呼叫的顶岗。

班委成员无论是五大员、三大员，还是唯一的指导员，都是兼职的不脱产的管理者。

班组长的职责和标准作业将在3.2节介绍，这里详细介绍班组五大员（图3-1）的职责，通过培养班组五大员可以打造基层人才梯队。

（1）安全协管员职责

1）负责安全隐患的日常检查巡逻，消除负责区域的重大环境安全隐患。

2）组织对本班组人员进行安全培训。

3）参加安全员或安全科组织的安全培训。

4）监督、纠正外协人员的不安全行为，监督、纠正员工的不安全行为。

5）协助安全专员、安全员进行生产安全管理。

- 安全协管员
- 生活协管员
- 设备协管员
- 质量协管员
- 成本协管员

图 3-1　班组五大员

（2）生活协管员职责

1）负责组织开展本班组的各项文体活动。

2）协助班组长做好车间企业文化建设和团队建设。

3）参与公司后勤生活委员会工作。

4）负责员工意见收集及反馈。

5）负责班组员工关系的维护及改善。

（3）设备协管员职责

1）协助维修人员处理设备故障。

2）自行处理简单的设备故障。

3）参加设备维护培训。

4）监督、纠正所在班组人员对设备清扫、润滑、点检。

5）监督纠正员工的不合理操作。

（4）质量协管员职责

1）负责监督各生产线产品工艺、质量执行状态。

2）负责监督首自检的执行性和有效性及抽检当班产品。

3）负责抽查审核关键过程特性符合性。

4）负责定期组织车间班组人员质量培训（包含过往厂内/厂外质量履历）。

5）负责不合格判定、培训及处置。

（5）成本协管员职责

1）负责根据本班组的生产数量，制定原辅材料的申领计划，合理控制当月领料成本。

2）负责本班组原辅材料的发放，关注消耗量大的物料。

3）负责登记每日生产台账、辅料消耗台账，重点关注贵重物料。

4）协助主管定期分析原辅材料成本单耗波动情况，并据异常查找原因及提出改进措施。

5）协助本班组节能降耗项目的实施。在保证质量的情况下，控制不该浪费的成本。

★★★★★ 3.2 班组长的角色、职责和标准作业 ★★★★★

一个班组长每天应该如何开展工作？每天到底应该做什么？班组长职责调查（图 3-2）表明，55%的班组长不太清楚，基本清楚的约占 28%，而非常清楚的只有 17%。

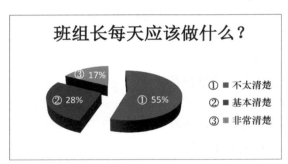

图 3-2 班组长的职责调查

至于说，对于一个班组长如何才能成长为一个优秀的班组长，清楚知道的班组长更是寥寥无几。

在第 1 章中，已经介绍了班组长角色的"六要"，即班组长的六大角色。那么，一个班组长要想扮演好这六大角色，应该担负起哪些职责呢？一般情况下，一个班组长应该担负起以下十项基本职责，如图 3-3 所示，当然，每个企业对班组长的要求都有所差别。

1. 班组的组织和团队建设
2. 生产安排与绩效管理
3. 工艺和标准的贯彻
4. 品质管理
5. 成本管理
6. 效率和交付管理
7. 员工的教导与培养
8. 设备、工装和工具管理
9. 现场5S管理
10. 公司规章制度贯彻执行

图 3-3　班组长的十项基本职责

围绕班组长的工作职责，一个班组长应该如何开展每天的工作呢？可利用的工具就是班组长的标准作业表（图 3-4）。

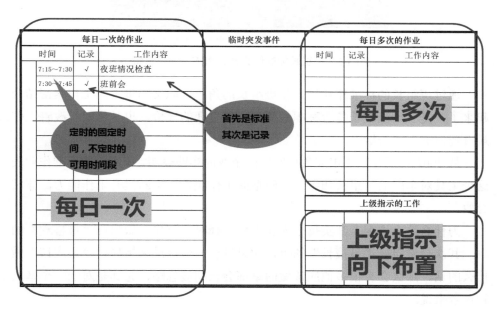

图 3-4　班组长的标准作业表（样式）

丰田的班组长和系长非常厉害，因为丰田有 TWI（一线主管技能训练）等一系列的层级训练课程、方法和工具。班组长的标准作业表是源自丰田的一个非常实用且成熟的管理工具。它的 PDCA 循环逻辑（图 3-5）是：把该区域班组长的标杆行为提炼为班组长的标准作业表，然后，每一位班组长按照这个标准作业表开展工作，这样班组长就会越来越称职；随着企业对班组长要求的提高和对班组长的培训增加，大多数班组长的管理能力都会得到较大的提升，再把班组长涌现出来的新的标杆行为整理成新的标准作业表。

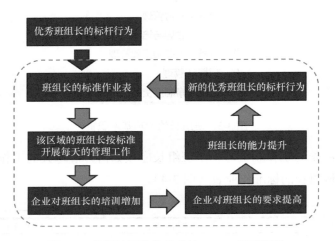

图 3-5　班组长标准作业表的 PDCA 循环逻辑

　　通过班组长的标准作业表，将班组长的角色、职责和每天的工作紧密结合起来了，是一个班组长是否称职最简单、最直观的评价，也是班组长改善工作最直观、最方便的指引。

　　从 2007 年至今，13 年来数百家中国企业的实践表明，班组长的标准作业表这个工具对车间的班组长和主管准确把握工作职责，不断提升工作能力，非常有效。

　　为什么这么说呢？其实每个人在工作选择时，首先会做自己"最喜欢"的事，其次会做自己"最擅长"的事，如果没有一个标准来指导他"最应该"做什么的话，那么会有很多他应该做的事都会长期被忽略，尤其是对于一个基层管理者来说。

　　通过班组长的标准作业表，让班组长首先了解了他"应该"做什么，通过直接上司的关注和指导，让他将这些应该做的事情中，"不擅长"的学会，并不断启发和培养他的兴趣，让他"喜欢"自己应该做的事情。这也是通常讲的"干一行爱一行"，而不是"爱一行干一行"。

案 例

自 2007 年到 2014 年，我们对重庆延锋江森的班组长进行了系统的培训，并指导他们制定了班长标准作业表，如图 3-6 所示为其总装班长标准作业表。

总装班长标准作业表					
日期：			生产线：		
上班时间： 自　　　　至			班长签字：	主管签字：	
班前	开班			开始工作	

班前	开班			开始工作	
A（8min）	B（5min）	C（10min）		D（20min）	当班：安全隐患
早会前与主管碰面	1 确保劳保用品佩戴	5 检查标准化作业是否更新	7	验证首件是否完成	简要描述：
检查不良品区	2 完成班前会	6 检查首件及设备保养相关记录	8	检查员工首件记录　　11	
预估产量	3	检查工位标识是否齐全	9		
检查看板是否更新	4	检查设备应急开关及安全门等是否有效	10		

每班前会纪要 / 班前多岗位培训状况 / E（5min/次）每小时检查一次生产信息板

每班前会纪要		班前多岗位培训状况		E（5min/次）每小时检查一次生产信息板												
安全：（事故、危险的情况，措施的进展情况）		岗位		小时	0	1	2	3	4	5	6	7	8	9	10	11
		月培训目标		产量												
				F（60min）检查标准化作业												
质量问题简单描述：		计划培训（H）		使用标准化作业检查表，每天至少检查一个工位 检查工位名称												
		实际培训（H）		工位操作工：												
需要改进的方面：		目前状况		最小时间与最大时间的比率：												
		改进方案：		□OK　　　□NO，简单描述问题 问题：												

			G班长工时跟踪		
合理化建议：	班长不定期花费时间	内容	工时		
	处理工伤	会议/培训			
	收集合理化建议	质量跟踪			
	实施合理化建议	替岗/返工（生产时间）			
公司信息传达：	制定多岗位培训计划	生产工时跟踪：内容记录于"生产跟踪表"			
	回顾多岗位培训计划	完成后在此处打勾			
	班组核心小组审核	停机时间：内容记录于"停机时间分析"			
其他：（废品、质量问题，加班，员工问题反馈）	参加部门例会	完成后在此处打勾			
	计算和上报考勤	出勤时间：内容记录于"生产日报表"			
	其他	完成后在此处打勾			
		I（10min）记录产量			
		内容记录于"生产日报表"			
		完成后在此处打勾			

日清			
H（15min）红箱子清空：	通知主管/质量/物流		
J（5min）检查5S 内容记录于"5S检查表" 完成后在此处打勾 整理工具箱： 5S状况描述：	K（5min）交接班留言	L（5min）本班组特殊要求	

图 3-6　延锋江森总装班长标准作业表

自 2013 年以来，我们在华润集团下最大的 SBU 华润创业开展了系统的精益管理培训和辅导，在精益黄带培训中我们导入了班组长/主管的标准作业表这个工具。图 3-7 为华润万家收银主管班组长标准作业表。

时间段	工作内容	频次	流程图
08:30~09:30（早班）	1. 整理仪容仪表，调整心态，以最佳状态上岗	1	上班（时间）
	2. 领取备用金清点，兑换零钞，并填写备用金领取登记本	1	
	3. 参加部门例会	1	
	4. 领取备用金到指定收银台	1	换装、仪容仪表整理（时间）
	5. 开启收银机下载资料，将备用金放进钱箱	1	
	6. 开启副台收银机下载资料，清理卫生	1	
	7. 分类整理好公司的宣传彩页	持续	部门晨会（时间）
	8. 清点办公用品	持续	
	9. 9:30开始营业，站在收银台迎宾	1	领取备用金，到达指定工作岗位，工作前期准备（时间）
09:30~10:30	1. 负责顾客所购商品结算	持续	

图 3-7　华润万家收银主管班组长标准作业表（部分）

2011 年，我们在许继集团的咨询项目中，植入了班组长和主管的培训，他们的课后实践汇总形成了《精益主管班组长现场管理》手册（图 3-8），其中也包含了班组长标准作业表的应用。

图 3-8　许继集团《精益主管班组长现场管理》手册

★★★★★ 3.3 经营预算终点站，目标管理到班组 ★★★★★

3.3.1 传统企业与现代企业在班组目标管理上的差异

在传统企业中，经营预算一般到部门或者车间就结束了，而现代企业的经营预算，最终要分解到班组。也就是说，传统企业与现代企业在目标管理上的最大差异（图3-9），是企业经营预算是否落到了终点站——班组。

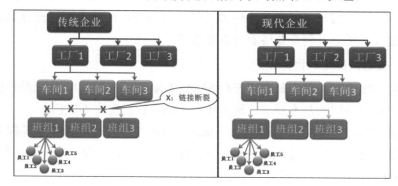

图 3-9 传统企业与现代企业在目标管理上的最大差异

传统企业往往会带来一个奇怪的经营结果：管理者的目标都达成了，企业的目标却没有达成，或者企业是亏损的。其中，主要的原因是目标管理并没有在班组和员工层面落地。

3.3.2 五星班组的目标管理

1. 目标管理的双螺旋链接（图3-10）

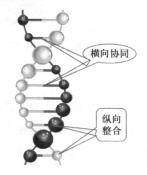

图 3-10 目标管理的双螺旋链接

目标管理的双螺旋链接是一个横向协同和纵向整合的目标校准体系。KPI是指关键绩效指标。横向协同是指"战略—目标—KPI—目标值—行动"的价值落地链，它是一个从规划到行动、从虚到实的链接过程，其中的关键点是将行动转化为目标值的达成；纵向整合是指"集团—公司—部门—班组—员工"的团队落地链，它是一个从集团到员工、从上到下的链接过程，其中的关键点是将上级的目标转化为下级的战略。

目标管理的双螺旋链接，是现代企业经营预算落地到班组这个终点站的根本保证。这项内容属于精益战略中方针管理的部分，由此也可以充分认识到五星班组建设必须上升到企业层面的重要意义。

2. 班组和员工的目标设定

任何层级的目标设定都必须符合 SMART 原则（图 3-11），这也是目标双螺旋链接中横向协同的基本要求，班组和员工的目标设定也不能例外。

关键绩效指标（Key Performance Index，KPI）分为结果 KPI 和过程 KPI 两种，班组和员工的目标对企业层面来说，都是过程 KPI，现场目标管理的要求，主要从 QCDMSP 六个方面展开，如图 3-12 所示。

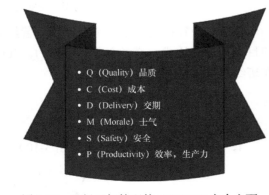

SMART 原则

➤S (Specific) 具体的
➤M (Measurable) 可衡量
➤A (Achievable) 可达成
➤R (Relevant) 相关的
➤T (Time-Based) 有时限

- Q（Quality）品质
- C（Cost）成本
- D（Delivery）交期
- M（Morale）士气
- S（Safety）安全
- P（Productivity）效率，生产力

图 3-11　目标管理的 SMART 原则　　图 3-12　现场目标管理的 QCDMSP 六个方面

自 2009 年以来，我们持续为深圳地铁运营总公司和运管办的基层管理者进行了系统的培训。在目标管理模块，他们梳理了 KPI 表，并制定了各个班组的 KPI。如图 3-13 所示为深圳地铁运营班组 KPI 表，如图 3-14 所示为深圳地铁站务班组目标。

安全S	质量Q	成本C
工伤事故次数	客户投诉次数	班组节能减排兑现率
险生事件次数	设备故障次数	标准成本准确率
安全巡查达标率	票务差错次数	标准工时兑现率
安全隐患整改率	列车晚点次数	物资损耗回收率
安全案例学习人次	设备可使用度	抢险队出动次数
安全演练次数	客户满意度	单程票流失率

效率P	士气M
维修工时准确率	合理化建议数量
维修工时占比	团队活动次数
故障应急处理响应时间	班组评比排名
行车运行图兑现率	班组成员离职率
施工延点次数	

图 3-13　深圳地铁运营班组 KPI 表

类别	班组指标	班组目标	需要资源	衡量工具	权重
质量Q	乘客投诉率<1件/百万人次，投诉回复率100%	车站每月乘客投诉<1件；收到乘客投诉于2个工作日内回复，回复率达100%。	地铁热线管理平台	平台取数（指通过相关系统平台采集数据）	20%
	现场服务作业达标	每日值班站长利用录像随机抽查前一班售票员、保安和保洁人员服务质量至少1次，每次不少于10分钟，现场服务达标率达95%	车站摄像头能回放录像	标准化作业流程	15%
	票务差错月度小于300件	车站月度票务差错小于10件	票务系统统计	差错数	10%

图 3-14　深圳地铁站务班组目标（部分）

★★★★★　3.4　看板：班组管理的驱动器　★★★★★

班组的区域是每个班组工作的物理空间，五星班组活动看板（图 3-15）是每个班组工作的内容空间，是班组管理的驱动器。

通过管理看板来驱动班组管理的过程，叫作看板管理。看板管理对一个班组来说是必不可少的关键要素，班组有了看板管理，管理更透明，沟通更顺畅。

班组的看板管理具有以下五大功效。

- 看板管理的功效之一：解放管理者；
- 看板管理的功效之二：流程透明化；
- 看板管理的功效之三：营造向上氛围；
- 看板管理的功效之四：动态管理的前提；
- 看板管理的功效之五：共享目标及成果。

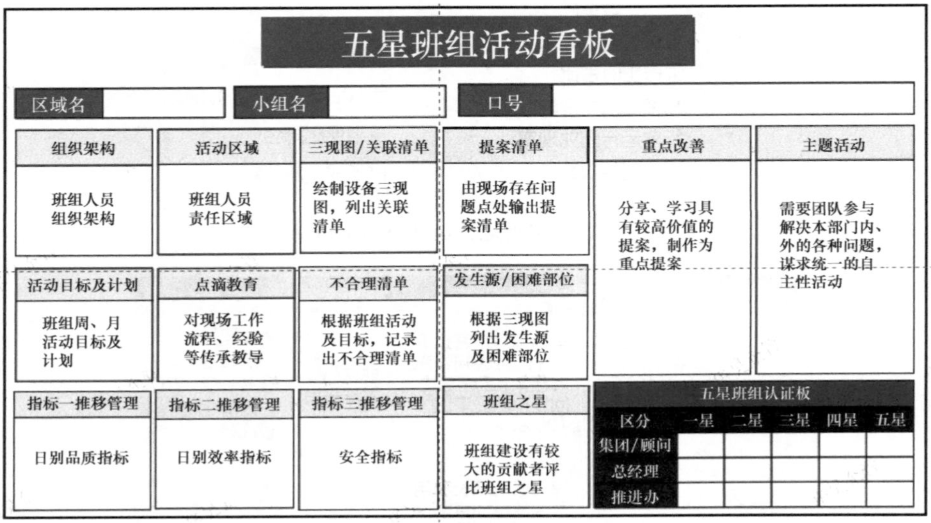

			五星班组活动看板			

区域名		小组名		口号		
组织架构	**活动区域**	**三现图/关联清单**	**提案清单**	**重点改善**		**主题活动**
班组人员组织架构	班组人员责任区域	绘制设备三现图，列出关联清单	由现场存在问题点处输出提案清单	分享、学习具有较高价值的提案，制作为重点提案		需要团队参与解决本部门内、外的各种问题，谋求统一的自主性活动
活动目标及计划	**点滴教育**	**不合理清单**	**发生源/困难部位**			
班组周、月活动目标及计划	对现场工作流程、经验等传承教导	根据班组活动及目标，记录出不合理清单	根据三现图列出发生源及困难部位			
指标一推移管理	**指标二推移管理**	**指标三推移管理**	**班组之星**	**五星班组认证板**		
日别品质指标	日别效率指标	安全指标	班组建设有较大的贡献者评比班组之星	区分 / 一星 / 二星 / 三星 / 四星 / 五星 集团/顾问 总经理 推进办		

图 3-15　五星班组活动看板

1. 解放管理者

以班组为单位建立看板，围绕班组的人事、成本、现场管理、质量改进、设备维护等内容进行有效运营，开展班组团队内建，驱动自我改善（图 3-16），其目的是减少企业管理投入。

2. 流程透明化

将现有班组成员负责工作内容（区域）的业务标准、作业流程等内容进行目视化和透明化（图 3-17），使班组成员易于学习、遵守，方便发现、处理异常问题。

3. 营造向上氛围

班组将 OPL（一点课）等经验学习，循环改善、WHY-WHY 分析等改善过

程，班组之星、改善达人等优秀典型的培养评比等内容，进行展示和宣传，有
利于星级班组营造向上氛围（图 3-18），持续推动班组的不断进步。

图 3-16　开展班组团队内建，驱动自我改善

图 3-17　班组流程目视化和透明化

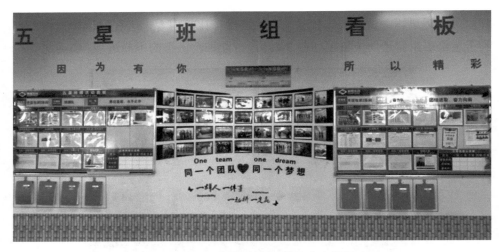

图 3-18 五星班组看板，营造向上氛围

4．动态管理的前提

对班组的人事分工变动，周、月计划的执行，班组效率、单耗等关键指标的推移情况进行跟踪，对异常变化进行分析、改进和展示，达到班组动态管理（图 3-19）的目的。

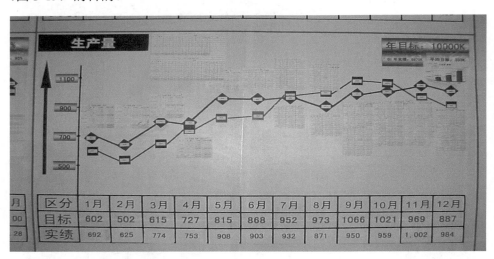

区分	1月	2月	3月	4月	5月	6月	7月	8月	9月	10月	11月	12月
目标	602	502	615	727	815	868	952	973	1066	1021	969	887
实绩	692	625	774	753	908	903	932	871	950	959	1,002	984

图 3-19 班组动态管理

5．共享目标及成果

通过看板展示阶段性挑战目标，针对与目标之间的差距，引导班组成员进

行分析和改进，对不同班组优秀的改善成果进行分享和学习，使改善成果价值最大化，有效激励星级班组团队不断超越、不断进步。

★★★★★ **3.5　五星班组的班前会** ★★★★★

　　看过《美国工厂》后，你一定会对福耀集团中国工厂的班前会（图 3-20）赞赏有加，对美国工厂的班前会（图 3-21）感到着急。同样都是福耀的企业，一个小小的班前会，为什么中国工厂与美国工厂如此不同呢？首先，中美文化的差异是主因；其次，目前福耀集团的五星班组只在中国区展开，所以包括班前会在内的五星班组体系是基于中国人和中国文化打造的，在美国文化下当然很难照搬照抄。可以基于美国人、美国文化，开发出富有特色的美国式班前会。

图 3-20　福耀集团中国工厂的班前会

图 3-21　福耀集团美国工厂的班前会

班前会是由班组长主持，以班组为单位，在工作开始之前，在指定的地点，班组成员集合在一起召开的工作准备会议。

3.5.1　班前会的价值

班前会对现场管理、团队和班组长的价值如图 3-22 所示。

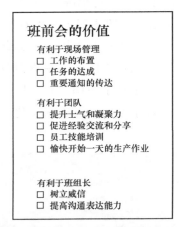

图 3-22　班前会对现场管理、团队和班组长的价值

3.5.2　班前会的目的

1．对班前会常见的误解（图 3-23）

图 3-23　对班前会常见的误解

- 谁没有来，一看就知道，还要点啥名？
- 每天都是同样的工作，何必开早会呢？
- 把指示传达到位就行了，搞什么氛围，形式主义。
- 听那么多与我们无关的事，浪费时间。
- 在看板上张贴就行了，这么短的时间什么事也说不清楚。
- 开早会的时间，可以多做好几个产品呢……

2. 班前会的目的

1）全员集中，提升集体意识，迅速进入工作状态。

2）宣导上级目标精神，对主要事项，确认任务分配。

3）传播企业文化，提升员工精神面貌，改善内部关系。

4）培养主管的权威与形象，提供良好的锻炼环境。

5）对过去工作加以回顾，总结经验、改正缺失。

基于企业自身，对班前会的目的可以有一些特有的看法，如图 3-24 所示。

> 提升部门凝聚力
各线体互相交流

> 提升工作布置效率
上传下达
主要工作任务分配

> 产生良好的精神面貌
从细节做起，提升素养，普及而形成求真务实的企业文化

提升

> 养成遵守规定的习惯
态度决定一切，坚持是成功的关键

> 提升员工自身水平
表达能力、沟通能力

> 好的教育平台
开展OPL点滴教育、绩效横向测评等

图 3-24　班前会的目的

3.5.3　班前会的流程和内容

一个好的班前会的流程和内容，可以总结为一"动"，两"开"，三"观"，四"讲"。

（1）一"动"

一"动"是指通过两"开"、三"观"和四"讲"，让员工有挑战目标的"冲动"。

（2）两"开"

- 开心的情绪——做事情前先解决心情，营造氛围。
- 开工的准备——做事情前的准备工作，进入状态。

（3）三"观"

班前会在形式上要多"互动"，切忌"一言堂"。如何互动呢？要做到三"观"（图3-25）：观聚散，观动静，观问答。

班前会形式上要做三"观"

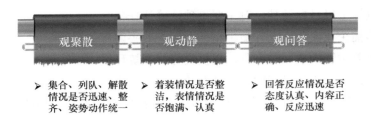

➤ 集合、列队、解散情况是否迅速、整齐、姿势动作统一　　➤ 着装情况是否整洁，表情情况是否饱满、认真　　➤ 回答反应情况是否态度认真、内容正确、反应迅速

图3-25　班前会的三"观"

1）观聚散（图 3-26）。所谓观聚散，就是通过集合、解散时的观察，带动团队士气。

2）观动静。所谓观动静（图 3-27），就是通过对列队时动静的观察，调整员工情绪。对个别情绪波动的员工，应及时私下沟通解决。

观聚散要点

➤ 班前会集合前员工行为端正，集合迅速
➤ 班前会无员工迟到现象
➤ 班前会解散时有结束动作或口号
➤ 班前会列队、站姿体现军文化（列队要求左高右低，站姿要求抬头、挺胸、收腹）

图3-26　班前会观聚散

➤ **观动静的要点**

1. 通过衣着整理，观察并迅速调整员工状态。
2. 通过队列变换，观察并识别员工的情绪。
3. 对察觉出个别情绪波动的员工，并应及时私下沟通解决。

图3-27　班前会观动静

为了确保班组长看到每一位员工，班前会在队列上不允许超过三排。那么，当员工比较多的时候怎么办？两排很长的话，远端的员工也很难听清班组长的讲话。所以，班前会需要队列创新，如图3-28所示。

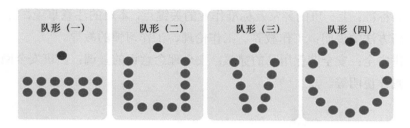

图 3-28　班前会队列创新

　　牛班长管理公司最大的生产一班，共有员工 28 人，经理每次看到他开班前会都摇头，牛班长有点苦恼，咋办呢？自从公司五星班组培训了班前会后，牛班长突然发现原来这都不是事。他总结了自己开班前会的几个主要问题，一项一项地去改善。

　　牛班长以前的班前会站 4 排的队列，很难看到后排员工的情绪。再加上年轻人好动，站在后排的员工总喜欢搞点小动作。

　　五星班组培训后，他改变为如图 3-29 所示人员较多时的班前会队列。

图 3-29　人员较多时的班前会队列

　　3）观问答。所谓观问答（图 3-30），就是通过员工问答的观察，加深团队对今天要求事项的理解。

　　（4）四"讲"（四项内容）

- 讲人员：检查人员的出勤；确认每一位员工的精神状态。
- 讲任务：本班的生产任务安排，要具体明确，到人、到产品、到产线和到机台；工作目标、公司及上司要求、市场反应等的传达。

- 讲标准：上一班的异常及标准作业的关键点，本班的注意事项，新产品、新方法的说明；工作教养、工作伦理、工作习惯的教导。
- 讲安全：安全劳保用品的穿戴；安全理念意识的强调；当班安全隐患的具体说明等。

观问答要点

➤ 结束前是否有问答成员班前会内容是否清楚或明白（班组）

➤ 互动环节问答是否正确（个人）

➤ 互动环节问答是否清晰（个人）

图 3-30　班前会观问答

 案例

牛班长以前的班前会总是没内容讲，经常说不了几句话，就解散了。有时候，想起一件事婆婆妈妈地说了很久，却发现员工都一脸嫌弃、不耐烦的样子，自己也感觉没说到点子上。

五星班组培训后，他制定了班前会的标准流程，如图 3-31 所示。

流程	内容
1. 全体集中列队	1. 从高到矮排列　2. 查看是否整齐
2. 仪表整理	从头到脚整理（头发/衣服领子/裤脚/鞋子等整理）
3. 问好	1. 问：班前会开始"大家好"　2. 回答：好、很好、×××更好！
4. 确认出勤	1. 报数或点名　2. 同时观察员工精神面貌
5. 工作安排	1. 公司/部门要事　2. 生产安排　3. 安全/品质事项　4. 精益相关
6. 练习礼貌用语	早上好！对不起！请！谢谢！辛苦啦！
7. 班前会完毕	1. 全体鼓掌"1"＋"1"＋"3"下　2. 鼓掌后相互鞠躬敬礼
8. 开始工作	会议结束（全体解散，分头工作）

图 3-31　班前会的标准流程

2011 年，重庆小康汽车接受了我们的系列班组管理训练，小康汽车的零部件和总装班组在每天的班前会中，增加了当天产品的品质问答（图 3-32）。

图 3-32　小康汽车班前会的品质问答

2008 年，格力空调接受了我们的系列班组管理训练，他们开展了为期六个月的班前会比赛，以下是部分的优胜班组（图 3-33）。印象深刻的是，厂长们参观完这些优胜班组的班前会后都感觉到"压力山大"：经过专业训练后的班组长进步如此之大，如果不参与培训的话，不久后自己的位置难保。

图 3-33　格力空调班前会大赛的部分优胜团队

★★★★★ 3.6 五星班组的微型学习型组织 ★★★★★

企业要成为学习型组织，每一个细胞都要成为微型学习型组织。五星班组的建设过程，是一个基层人才培养的过程，也是一个打造基层微型学习型组织的过程。

1. 将五星班组打造成一个微型学习型组织的价值

1）五星班组的各项活动都以小组的方式展开，是一个持续的团队学习过程。

2）个人能力：运用精益的理念、方法和工具，发现问题、分析问题、解决问题，归根结底是"干中学，学中干"，在解决问题的过程中提升基层员工的个人能力。

3）团队能力：班长、班委、班组成员以及帮扶的职能部门一起共同研究，形成 QC（品管）圈主题改善，既解决困难，又培养了团队精神。

4）自主经营能力：通报和展示活动成果，通过接受领导的逐级认证与评价，接受 Dream-line 挑战，不断提升组织智商和自主经营能力。试点区域改善成果和方法的推广，既放大了班组和员工的价值，也体现了团队的成就感。

5）在规范标准化中作业，在实践中培养人才，在 Dream-line 挑战中实现自主经营，建立一个持续改善、挑战极限、自主经营的学习型组织体系。

2. 微型学习型组织的活动形式

微型学习型组织的活动形式包括精益大讲堂、云读书会、主题改善、案例分享、技能比武、现场改善、现场发表、Dream-line 挑战预演、认证预演等。

案例

某企业班组微型学习型组织的主题改善活动。

为了使全体员工积极、有效地开展以 5S、标准作业、自主保全、专业保全、信息管理、教育训练、品质管理、业务效率、安全环境九大活动为中心的主题改善活动，对小组活动和讨论会规定如下。

（1）小组活动

● 组建小组活动团队（图 3-34），积极参加现场各种实践活动。

● 主动策划、参与为完成预定的阶段目标而进行的必要主题活动，如改善活动、QC 活动、专业保全、业务效率等。

- 小组在成立后，在某个主题完成后一周内选定下一个主题；主题名应包括：车间名（或业务、区域名），具体改善对象，改善的目标。为了选定主题要从众多的不合理点中收集尽可能多的数据。
- 小组主题的选定分为自主选定主题和委托指示性主题：自主选定主题指由小组全体成员协商后决定的主题；委托指示性主题指由上级或主管部门指定某些小组的活动主题。
- 小组活动以讨论会、集中教育、个别指导、现场实践、云读书会等多种形式开展。
- 部门领导在小组活动结束后应及时对活动结果进行确认，并在小组活动看板和"五星班组活动日记"上签字。

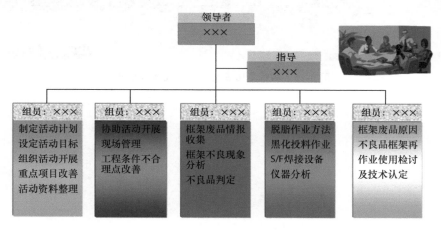

图 3-34 小组活动团队

（2）讨论会

- 讨论会的种类有定期会议和临时会议，定期会议是指每周选一个指定的日期实施的会议（会议日期由小组长决定，必要时可以变更）；临时会议是指在必要时（如上级指示时等），可以由小组长集合小组中各成员召开的会议。
- 讨论会（活动）的时间：讨论会（活动）原则上在1小时内完成，但在不影响业务的前提下可以调整。尽量选定全员都能参加的时间，如有成员未参加时，应将会议记录（活动）内容传达给未参加者。
- 各小组在一次小组讨论会或活动完成后，认真填写小组活动日记中的内容，小组日记内容不能有空白。

● 完成记录和报告，年底参与评选，图 3-35 为福耀集团五星班组最佳实践团队。

图 3-35　福耀集团五星班组最佳实践团队

第 4 章

全员现场管理 TGM

整洁就是纪律！

"整洁就是纪律！"，这是福耀集团董事长曹德旺早期管理工厂的名言。一个不整洁的现场，员工一定没有纪律，员工一定不会遵守规范，员工也很难确保安全健康。这句话充分揭示了现场 5S 的本质，也揭示了 5S 与标准化、目视化、安全之间的关系，这些是本章全员现场管理的主要内容。

全员现场管理（Total Gemba Management，TGM），这里的 Gemba 是日语"现场"的发音，现在已经是英文技术词典里的一个单词了。

★★★★★ 4.1 精益的基础——5S ★★★★★

4.1.1 5S 的起源和本质

中国制造业要达到日本丰田的精益生产境界，首先要从 5S 做起。

5S 于 20 世纪五六十年代起源于日本，至今已有六七十年的历史。1955 年，日本的工厂里大型粗犷的机械设备很多，精密度低下，而且安全事故频发。针对这种情况，为了减少安全事故的发生，日本开始提出了 2S——整理、整顿。通过进行有效的整理、整顿，现场情况一目了然，当年的安全事故就减少了 30%。

日本人又开始运用钻研、刨根问底的好习惯去解决生产现场中碰到的问题，后来不但安全事故减少，还收到了额外的礼物，即品质和效率也顺便提高了，于是就有了第 3 个 S——清扫。

但是，过了一段时间发现，曾经出现过的问题仍然会重复发生，特别是在新员工加入的时候，于是他们认识到要把这些改善的东西标准化，有了标准，一方面可以避免问题重复发生，另一方面可以沉淀改善经验，让新员工一次性就把事情做对，同时还要有对标准执行效果进行核查的工具，所以就有了制度化，也就是第 4 个 S——清洁。

经过长时间的实践，日本人发现员工的素质发生了根本性的变化，无论是在技能上还是在精神面貌上，于是第 5 个 S——素养出现了。

经过日本产业协会的大力推广，5S 成为日本全社会的标准，随着日本工业的走强，成为世界性的管理界的标准用语，并且被视为一切改善的基础，一种不投入也能得到回报的最佳方法。

4.1.2　5S 的硬环境和软环境同等重要

在生活中，你是否曾经遇到过 5S 较差的几种情况，如图 4-1 所示。

这样的情况在生活中比比皆是，相信你肯定遇到过。归根究底，就是 5S 没有做好。

图 4-1　生活中遇到 5S 较差的几种情况

同样地，在工作中，你可能也遇到过下面这些情况。

1）满地都是散乱的钢丝绳（图 4-2）：是不是很容易绊倒？

2）满地的叉车油污（图 4-3）：走过去是不是会滑倒？

3）零乱的消防水管（图 4-4）：发生火灾，10 秒钟消防水管就应该装好了，但是在这样零乱的情况下，需要多长时间？或者 1 分钟，或者 2 分钟，甚至更长时间。

4）桶壁到处是油墨（图4-5）：既造成了浪费又使环境不美观。

图4-2　散乱的钢丝绳

图4-3　叉车油污

图4-4　零乱的消防水管

图4-5　桶壁到处是油墨

　　如果这是供应商的生产现场，即使供应商的产品很靠谱，客户看到生产现场也会觉得不靠谱。如果要让客户觉得企业是一家不错的企业，首先就得先把企业的硬环境塑造好，不仅有整洁、高效的工作环境，同时工装、模检具、物料也要有所讲究，逐步提高品味；其次要把企业的软环境建设好，营造良好的人际关系氛围，生产出高品质的产品。

　　实行 5S 的过程是一个人造环境和环境造人的过程，通过推行 5S，能让企业的"硬环境"和"软环境"同时得到提升。通过持续不断的环境升级，能让企业成为一个让客户感动、信赖并尊重的企业。

4.1.3　5S 从形式化到行事化再到习惯化

　　推行 5S 应经历三个阶段（图4-6）：形式化——行事化——习惯化。在这个过程中强调全员参与，充分发挥每一个人的才智去克服企业中一个又一个的问题。

图 4-6　5S 推行的三个阶段

安冈正笃说过，心态变则意识变，意识变则行为变，行为变则习惯变，习惯变则性格变，性格变则命运变。5S 是通过推行整理、整顿、清扫来强化管理，再用清洁来巩固效果，通过这 4 个 S 来规范员工的行为，通过规范员工行为来改变员工的工作态度，使行为成为习惯，最后达到塑造优秀企业团队的目的。通过强制规范员工的行为，改变一个员工的工作态度，让他成为习惯，到了习惯化之后，一切事情就会变得非常自然，顺理成章。习惯可以成自然。在 5S 实施好的企业，很多员工很难觉察到 5S 管理的存在，因为大家都习惯了，也就习以为常了。素养，强调的是持续保持良好的习惯，就好像一个人每天早上起来，都习惯了要刷牙、洗脸，如果哪一天没刷牙、洗脸，就会身不由己地觉得怪怪的，这就是一种习惯。

4.1.4　5S 推行的路径

推行 5S 主要有两条原则，一是做有品质的事，二是干实用的活。下面将从活动前、活动中和活动后三个阶段来阐述 5S 的推行路径，如图 4-7 所示。

1．活动前

（1）培训

培训，其实是一个意识改变的阶段，曾有人说过"就像换眼镜一样，有时候我们的观念、想法也需要改革。"就像换眼镜一样，非常贴切地说明了观念变革的自然性和必要性，有怎样的观念，必定有怎样的行为和习惯。通过 5S 的培训和优秀案例的分享，使员工切实体会到 5S 对自己是有帮助的，让员工认同 5S，与员工达成共识，转变员工的观念。

（2）选取样板区

在现有班组建设的基础上，从意愿、能力、条件三个方面选择内驱力较强、愿意接受变革、领导支持的班组来做样板区（图 4-8）。引入先进的管理理念与务实的管理方法，通过样板区签名承诺（图4-9）和样板区士气鼓舞（图4-10），建立班组管理机制、优化班组建设，摸索创建班组管理模式，打造优秀标杆，迈出规范班组建设的第一步。

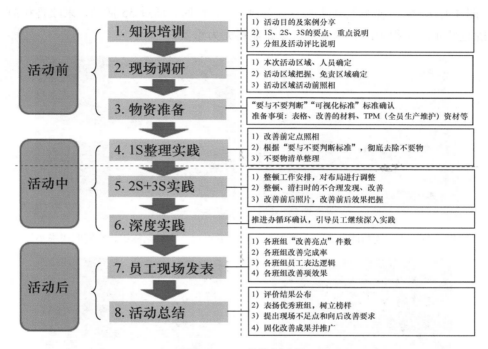

图4-7　5S的推行路径

图4-8　样板区宣誓　　　图4-9　样板区签名承诺　　　图4-10　样板区士气鼓舞

（3）现场调研及沟通

重视现场是丰田最重要的组织基因，只有结合三现主义（现场、现物、现实），通过现场调研和沟通确认，才能清楚地知悉现场的情况。现场沟通确认的过程同时也是工厂基层及中层管理干部角色认知的过程，通过调研时的沟通，清楚地认知到自己在 5S 变革中处于什么样的状态，需要在 5S 变革中做些什么。

在现场调研过程中，可以发现各种浪费现象：生产物料随意领取、无管控（图 4-11），工装料架等物料无标识、空间利用率小（图 4-12），地板线头裸露（图 4-13），生产现场工具乱放（图 4-14）等。此时，通过 5S 活动，来改善和消除这些生产过程中的各种浪费现象就显得尤为重要。

图 4-11　生产物料随意领取、无管控

图 4-12　物料无标识、空间利用率小

图 4-13　地板线头裸露

图 4-14　生产现场工具乱放

（4）物资准备

班组长应具备的一项首要能力，就是计划与安排的能力。能让员工 10 分钟内完成的事情，不要花 1 小时。做 5S 活动时，推进办在进行现场调研之后，应通知活动区域的班组长，让其提前组织班组成员准备相应的活动材料、表格等。

班组长应依据活动前准备事项点检清单（表 4-1），来检查确认活动前准确事项完成情况。活动清单应包括准备内容、数量、责任人、完成时间、完成否等。准备的方向主要分为两个方向，分别为文件资料类和活动材料类。其中文件资料类主要有要与不要判断标准、不要物成果表、不合理清单、改善前后对照表等，活动材料类有即时贴、橡胶皮、线扎、刀片、纸胶、油漆、毛刷、标识牌、TPM 胶带（标明规格、颜色）等。

表 4-1 活动前准备事项点检清单

序号	项目	准备内容	数量	责任人	完成时间	完成否
1	文件资料	要与不要判断标准	1	×××	15:00 前	OK
2		不合理清单	2	×××	15:00 前	OK
3		改善前后对照表	5	×××	15:00 前	OK
4		不要物成果表	2	×××	15:00 前	OK
5	活动材料	TPM 胶带（红色）5cm/2.5cm	各2卷	×××	16:00 前	OK
6		TPM 胶带（黄色）5cm/2.5cm	各5卷	×××	16:00 前	OK
7		TPM 胶带（黄黑斑马线）5cm	2卷	×××	16:00 前	OK
8		油漆（黄、红、白、蓝）	各1桶	×××	16:00 前	OK
9		油漆刷	5把	×××	16:00 前	OK
10		即时贴（黄、绿、蓝、白）	各1个	×××	16:00 前	OK
11		泡沫垫（胶垫）	3块	×××	17:00 前	OK

2. 活动中

改善就是与现实的战争，改善唯有实施才有价值。无法与实施相结合的构想，是无任何意义的。

（1）1S 整理实践

整理作为 5S 的第一个 S，是指根据使用频率和使用期间将工作场所中的所有物品，区分为"要的"和"不要的"，果断地去掉不必要的物品。通常将整理归纳为"要与不要，一留一弃"，那么如何留，如何弃，看似容易，其实实行起来并不是一件简单的事情，需要设定很多限制条件。针对留下来的物品又需要如何处理呢？一般根据使用频率和必要程度来确定整理"留"的原则与方法（表 4-2）。

表 4-2 整理"留"的原则与方法

使用频率	必要程度	放置场所	保管方法
很常用	每天、每小时都会使用	放在操作人员的周围/手边，以方便使用	在能迅速取到的地方，用后放回原处
常用	一周用 1～2 次	集中在操作现场内保管	画图，用颜色区分
普通	1～2 个月用 1 次	集中在工厂内保管	制作存放台，方便转移
不常用	半年左右用 1 次	集中到工厂外的保管库	存放台
很少用	也许一年用 1 次	废弃	

在进行现场物品整理的时候，有人会出现"鸡肋，鸡肋，食之无味，弃之可惜"的感觉，觉得所有的物品都是有用的，舍不得处理掉，实际上又没有多大用处；而有的人又会走向另一个极端，为了现场的干净整洁，把认为现阶段不需要的所有物品都扔到垃圾桶，做完整理之后，垃圾桶发财了，变成聚宝盆了。针对这两种情况，我们要整理"弃"的原则与方法（表4-3）。一般将"弃"分为四种处理方式：报废、变卖、归还、入库。什么样的物品需要报废，什么样的物品需要变卖，需要根据具体情况具体分析。

表 4-3　整理"弃"的原则与方法

序号	具体情况	处理方式
1	对所有人都不再有任何用途（如废料、废设备）	报废
2	对整理人不再有任何用途，对其他工作场所有用途（如旧设备、空罐）	变卖
3	从其他部门借用的物品	归还
4	将来有用，放入专门仓库，待用	入库

（2）2S整顿实践

整顿是将整理完后必要的物品留下来，按规定位置放置并标识。其目的在于创造整齐的工作环境，使工作场所一目了然，消除找寻物品的时间，从而提升工作效率。通常将整顿归纳为"分门别类，各就各位"。

现场实施整顿后，所有物品均处在最佳位置，并且到达现场的人都能在30秒钟内找到要找的东西，很快地明确每件物品所处的位置、状态和管理的要求，将寻找必需品的时间减少为零。规范有序、一目了然的现场，除了有利于提高工作效率外，还能提升员工的士气，提高产品质量，起到保障生产安全的效果。要做好整顿，就必须用好整顿的三要素——场所、方法、标识。

1）场所。物品的放置场所原则上要100%规划设定，物品的存放要遵守三定原则——定品、定位、定量。场所的区分就是区域的划分，常采用不同颜色的油漆和画线来对各区域加以明确化。

　　生产现场的整理整顿。
　　生产现场整理整顿的结果举例，如下面的图所示，图4-15为通道及区域规划；图4-16为库位定位线；图4-17为垃圾桶标识；图4-18为合格品架；图4-19为不合格品架；图4-20为现场定位。

图 4-15　通道及区域规划　　　图 4-16　库位定位线　　　图 4-17　垃圾桶标识

图 4-18　合格品架　　　图 4-19　不合格品架　　　图 4-20　现场定位

　　2）方法。这是整顿的第二个要素，指根据物品的使用频率、用途、形状、大小、重量等因素确定摆放的办法。最佳方法必须符合容易拿取的原则。这里我们将介绍一种最简便的方法——形迹管理。

　　形迹管理是物品摆放的一种方法，就是把物品的投影形状在放置它的板、墙上，用笔画出来，或用刀挖出来，然后把物品放在上面。它的好处是任何人都能一目了然地知道，什么物品应该放在什么地方、怎么放，什么物品不见了。比如放置工具的工具架（图 4-21），在看板上用笔画出工具形状的工具看板（图 4-22），或者在橡胶皮或者泡沫上挖出工具形状的泡沫板工具柜（图 4-23），这样什么东西不见了一看就知道。工具看板中白色的部分是可擦写的，任何人拿走工具均需要在上面签上名字，待工具归还后将名字擦掉，起到将物品责任到人的作用。

 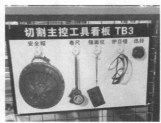 

图 4-21　工具架　　　图 4-22　工具看板　　　图 4-23　泡沫板工具柜

同时物品还需要满足先进先出的原则，这就要求在保管物品时，要设计出最佳保管方法，提高物品的取用效率，确保 FIFO（先进先出）。

3）标识。这是整顿的第三个要素，用标签说明物品的位置、名称、数量、种类、用途、责任人等。一般来说，为了使标识清楚明了，必须注意以下三点：一是综合考虑标识位置及方向的合理性；二是企业应统一"三定"标识（图 4-24）；三定是指定点、定容、定量；三是在标识表示方法上多下功夫，如充分利用颜色来表示等。定量是三定当中极为重要的，是指根据物品所需要的量来进行供给，并对该量给予标准的界定，若超出标准量后用不同颜色进行标识。

图 4-24　企业统一"三定"标识

图 4-25 和图 4-26 分别为未进行定量标识和进行定量标识的物品状态。图 4-25 所示的纸胶存放无标识数量、无标识正常库存、安全库存、警示库存，图 4-26 所示的纸胶存放标识了数量，并分别用绿、黄、红代表正常库存、安全库存、警示库存，员工很清晰地知道何时应该备库存。

图 4-25　纸胶存放目视化（改善前）　　图 4-26　纸胶存放目视化（改善后）

（3）3S 清扫实践

清扫即检查。

清扫是指彻底地对制造现场进行整体打扫，打造没有污染的制造环境，并通过清扫发现潜在缺陷，解决隐藏问题，预防事故发生。通常将清扫归纳为"设备环境，检查除尘"。

如今设备的电子化和精密程度越来越高，为了保持设备正常运行，必须要有洁净的环境。作为现在制造业的现场管理人员，不能简单地将清扫理解为打扫卫生，而应该将其看作现场管理的重要内容之一。清扫即检查，清扫的时候同时还要检查设备是否一切就绪，是否一切正常。优秀的企业做完清扫就能检查出绝大多数设备的一般故障，实现设备一通电就能正常运转的状态，而不需要每次连接上设备还要有很长调试的时间，或者遇到问题必须找专家才能解决。

一般来说，设备越大，自动化程度越高，清扫和检修所花费的时间就越多，因此，为尽可能有效地对设备进行检修，就必须明确检查的要点。难以清扫的地方，往往是最容易被遗漏的地方。如果不对难以清扫的部分有意识地去进行专门地清扫，那就有可能永远地忽视了。所以在清扫过程中，若遇到困难源，可开发清扫工具对角落进行清扫。

以下是五星班组 5S 清扫活动中自制的清扫工具。图 4-27 是自制钉耙，利用其直接在风栅处把成型机下的玻璃碎片清理出来。图 4-28 是自制清扫工具及其管理，通过对自制工具的"三定"管理，方便取放，容易清扫，清扫工作就越来越高效而快乐。

图 4-27　自制钉耙

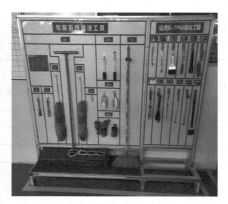

图 4-28　自制清扫工具及其管理

（4）深度实践

大野耐一说过："没有人喜欢自己只是螺丝钉，工作一成不变，只是听命行事，不知道为何而忙，丰田做的事很简单，就是真正给员工思考的空间，引导出他们的智慧。员工奉献宝贵的时间给公司，如果不妥善运用他们的智慧，才是浪费。"

在 5S 活动过程中，要妥善运用员工的智慧，充分调动员工的积极性，推进办就应该激励员工、引导员工的热情，不断到现场，一轮又一轮地对现场员工进行沟通辅导，利用 5 why 的方式，让员工发现做得好的地方与可以继续改善的地方，一步一步地改善，层层递进，"掘地三尺"，将 3S 做到极致。

某模具的循环水管比较长、凌乱，更换模具时需要来回找水管的进、出口方向，浪费时间，现场也不美观。

第一次改善：用钢管在设备的模板上固定，形成一组循环水路，在设备板的每个面上增加一组水管出口，模具水管可以很方便地接上，并且水管比较短，接装更方便，更美观。

第二次改善：用颜色标识每根管道，方便寻找。

3．活动后

为了给员工一个展示自我的平台，满足员工精神层面的需求，将员工 3S 改善的动力激发出来，使工厂形成 3S 改善体系，应该让员工进行 3S 改善亮点展示，并由企业管理层（上到总经理，下到经理、厂长）到现场进行评价，3S 改善现场评价表见表 4-4。

表 4-4　3S 改善现场评价表

序号	评价区域	改善数量 20 分合计 10 个，少一个扣 2 分	改善完成率 40 分每个 4 分,未完成或半成品酌情扣分	发表员工表达清晰，能够说明改善理由，且改善项能够有效改善现场管理、工作效率、劳动强度等，总分 40 分	合计
1					
2					

采用"谁改善，谁发表"的形式。推进办需要提前确定图 4-29 所示的员工现场发表模板，并到现场指导员工发表。此过程能极大地提高员工语言组织能力及表达能力。

个人介绍: 各位领导, 大家上午好, 我是×××车间张杰, 接下来我为大家分享一下我们的改善点。

改善前: 改善前现状描述……（拿着改善前照片展示给评委看）

改善后: 改善后带来了什么好处, 如减少动作浪费×××次, 减少工作时间×××分钟, 减少经济成本×××元等。

图 4-29　员工现场发表模板

★★★★★　**4.2　标准化, 企业生死存亡的关键**　★★★★★

4.2.1　标准化的目的

所谓标准化, 就是在对作业和流程系统调查分析的基础上, 将现行流程和作业方法的每一操作顺序和每一动作进行分解, 以科学技术、规章制度和实践经验为依据, 以安全、质量、效益为目标, 对整个过程进行改善, 从而形成一种优化的流程或者作业程序, 逐步达到安全、准确、高效、省力的工作效果。

标准化是任何一个企业的基础, 没有标准化, 就不可能有好的产品和服务。说标准化是企业生死存亡的关键, 一点都不过分。尤其是对于现代企业, 没有标准化, 企业就丧失了竞争的资格。标准化做不好的企业, 是要被开除地球村的"球籍"的。

标准化的目的如下图 4-30 所示。

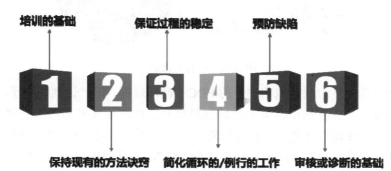

图 4-30　标准化的目的

- 培训的基础: 没有标准化, 不同的师傅将带出不同的徒弟, 其工作结果的一致性可想而知。

- 保持现有方法的诀窍：把企业内的成员所积累的技术、经验，通过文件的方式来加以保存，就不会因为人员的流动，使整个技术、经验跟着流失。

- 保证过程的稳定、简化循环的/例行的工作和预防缺陷：在工厂里，所谓"制造"就是以规定的成本、规定的工时、生产出品质均匀、符合规格的产品。要达到上述目的，如果制造现场的作业工序的前后次序随意变更，或作业方法、作业条件随人而异的话，一定无法生产出符合上述目的的产品，乃至会生产出缺陷产品。因此，必须对作业流程、作业方法、作业条件加以规定并贯彻执行，使之标准化。

- 审核或诊断的基础：标准也是管理者在生产现场随时审核或诊断员工是否符合规范的唯一依据。

4.2.2 维持与改善的关系

维持与改善（图 4-31）是企业提升管理水平的两大年轮。改善创新是使企业管理水平不断提升的驱动力，而标准化则是防止企业管理水平下滑的制动力。没有标准化，企业不可能维持在较高的管理水平上。

图 4-31 维持与改善

一个改善的过程就是戴明先生的 PDCA 循环过程，即"计划、执行、检查、行动（再改善）"。在这个循环中，计划最重要。传统管理者与精益管理者的本质差异之一就体现在计划上。传统管理者是没计划乱行动，或者快计划快行动，而精益管理者是"慢"计划快行动。这个"慢"，不是做计划时故意慢下来，而是指计划的"周密性"和"共识性"。这个循环中的检查包括了两个方面：检查与目标之间是否有差距，检查计划是否可行。如果目标无法达成、计划不可行，则需要重新修正行动。

标准化就是"改善之父"今井正明先生定义的维持，跟戴明环一样，维持的循环也包含了四个阶段，称为 SDCA。

- S 是标准化（Standardize），即企业为提高产品质量编制出的各种标准化文件；
- D 是执行（Do），即按照标准化文件执行；
- C 是检查（Check），即执行过程中的内容审核和各种检查；
- A 是纠正（Action），即通过检查和评审，做出相应的处置。

SDCA 循环"标准、执行、检查、纠正（调整）"模式，包括所有与改进过程相关的流程的更新（标准化），使其平衡运行，然后检查过程，以确保其精确性，最后做出合理分析和调整使得过程能够满足愿望和要求。

SDCA 中的"检查"与 PDCA 中的检查相比含义不同，它包含了三层意思：第一，这个业务或者作业是否有标准；如果有标准的话，第二，标准是否合适？如果有标准，标准也合适，第三，员工是否遵守标准？这就著名的"标准三原则"（图 4-32）。

SDCA 循环，即标准化维持的目的，是标准化和稳定现有的流程。

搞清楚了维持和改善，那么请问大家一个问题：先有维持，还是先有改善？有人说这跟那个有趣的问题"先有

图 4-32　标准三原则

鸡还是先有蛋？"一样，无解！其实不然，先有维持，才有改善。为什么呢？不管现状如何差，都可以先按照现有的做法制定标准，基于这个标准维持下去，就会得到稳定的水平，在稳定的基础上再改善，这样的改善才有意义。

每一次改善，都要建立新的标准。企业的管理水平就是通过不断的维持与改善，循环往复，螺旋上升的。

★★★★★ 4.3　标准作业，品质和效率的根本保证 ★★★★★

4.3.1　五星班组标准作业定义

标准作业是指成文的、目前最好的、安全及有效的作业方法；是以人的动作为中心，按照没有浪费的程序，有效地进行生产的作业方法；是人、机、物的最佳配合方式的描述。采用标准作业可以达到必要的质量水准。标准作业是现场品质和效率的根本保证。标准作业三要素（图 4-33）包括：节拍、作业顺序、标准手持。

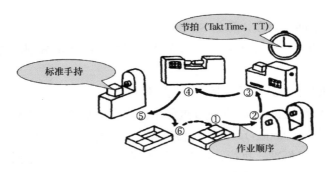

图 4-33　标准作业三要素

4.3.2　标准作业的制作步骤

1）确定节拍。节拍=可用工作时间/客户需求的数量。

2）确定单位产品（作业）的完成时间，制作工序能力票。

　　工序能力=每班净作业时间÷（完成时间/件+换刀时间/件）。以某包装工序为例来说明，其工序能力票如图 4-34 所示。

序号	工序名称	机号	基本时间			刀具		加工能力	图示时间 手工作业——　自动加工— —
			手工作业时间	自动加工时间	完成时间	交换个数	交换时间		

恒卓咨询 **工序能力票**　产品号　　　工序　　　批准　审核　编制
产品名　　　日期

序号	工序名称	机号	手工作业时间	自动加工时间	完成时间	交换个数	交换时间	加工能力
1	取件,卸/装,启动		4	10	14			2014
2	卸/装,启动		3	8	11			2560
10	检验		4		4			7050
11	卸/装,启动,放零件		4	12	15			1880
3	放夹具		4		4			7050
8	打螺钉		10		10			2820
9	贴S/N标签		3		3			9400
4	入袋		3		3			9400
5	放泡沫		5		5			5640
6	贴标签		3		3			9400
7	包装		3		3			9400

工序能力的计算注意事项：

① **时间把握准确**：分别测出生产线内各工序手工作业时间、自动加工时间、刀具更换时间（所有时间值应该是能够完成的最短时间）。

② **切换批量把握准确**：要清晰调查出各个工序每次更换刀具的加工个数。

		46		瓶颈工序的加工能力			1880

图 4-34　工序能力票

3）完善产品作业的动作的合理性、是否有勉强的行为，确认过程品质保证的稳定性、安全性。

4）确定标准作业顺序，制作标准作业组合票。

 案 例

标准作业组合票：明确各工序的手工作业时间、步行时间，以考查 TT 内一个作业者能够承担的工序范围是多大。标准作业组合票如图 4-35 所示。

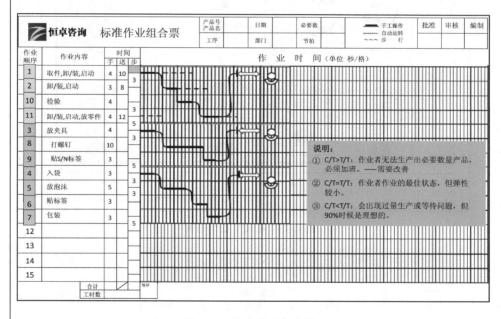

图 4-35 标准作业组合票

5）确定作业的标准手持。

6）确定作业过程中每个作业动作的安全和品质要点，制作标准作业票。

工序能力票、标准作业组合票和标准作业票合称为标准作业三票。

标准作业三票的推行在五星班组中的作用是：通过科学的方法研究生产工艺顺序及作业内容，通过数据的统计研究，寻找浪费点进行改善，不断固化作业标准，规范标准节拍、作业顺序与标准手持，形成标准作业指导性文件，指导员工有序按标准进行生产，保证产品的生产品质。

案例

标准作业票示例如图 4-36 所示，以图的形式表达每个作业者的作业范围及所有相关因素。

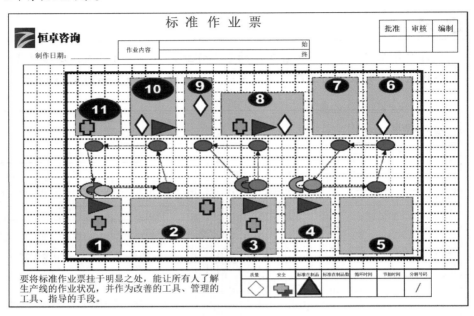

图 4-36　标准作业票示例

作业指导书				
文件编号：		作业名称		生效日期
作业时间	序号	步骤　　　要点	要点理由	备注
作业前	1			
	2			
	3			
	4			
作业中	5			
	6			
	7			
	8			
	9			
	10			
	11			
	12			
	13			
作业后	14			
	15			
	16			
	17			
	18			

图 4-37　作业指导书的格式

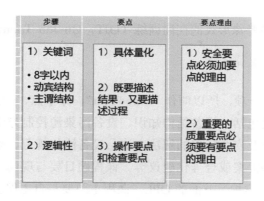

图 4-38　作业指导书的编制要点

7）制作"标准作业要领书"，让作业人员理解。

在未推进标准作业的企业中，员工操作的标准化文件不叫作标准作业要领书。在这些企业中，一般叫作业指导书（SOP），或者工作指引（Work Instruction，WI）。图 4-37 为作业指导书的格式，图 4-38 为作业指导书的编制要点。

4.4　现场教导的有效工具——OPL

4.4.1　OPL，言传身教、通俗易懂

OPL（One Point Lesson）一般被称为一点课，是一种在现场进行培训的教育方式，也称为点滴教育。OPL 的培训时间一般为 10～20 分钟。OPL 鼓励员工编写教材并作为辅导员进行培训。

OPL 是针对班组中某一个疑问事项，包括技术问题或难点故障等，由能够较好地解决问题、处理故障的人员编写教材，召集相关人员进行集中讲解，从而实现信息资源的共享、经验的积累、教育效率的提高。OPL 的作用如图 4-39 所示。

图 4-39　OPL 的作用

OPL 作为一种特殊形式的在岗训练（OJT，On Job Training），它有下述几方面的要求。

1. 课程主题

课程主题只有一项，所以叫作"One Point"，即单点、一点。

课程主题一般包括：设备结构知识、设备污染源控制方法、清扫困难源改善方法、故障隐患及安全隐患的解决方法、设备清扫规范、设备点检规范、设备保养规范、改善提案或合理化建议等。课程题目要与现场活动相结合。如果是 TPM（全员生产维护）方面的 OPL，课程主题要与自主保养、设备保养等方面相关。

2. 课程形式：只有一页，要图文并茂

OPL 课程一般是利用班前会等较短的时间来完成培训过程的，所以编辑者编辑教材时，必须简单明确、条理清楚、字体整齐，能够让人一看就清楚。文字要简洁，这样就可以比较容易地在一页纸之内进行充分表达。字体要比较大，这样读起来就容易。要用图片来展示，这是 OPL 课程的基本形式。比如，在讲解设备结构知识时，要有设备构造的照片或示意图；在讲解设备点检规范时，要有设备点检部位的示意图，参见图 4-40 所示的 OPL 学习墙。

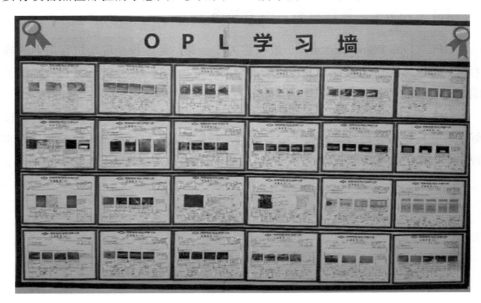

图 4-40　OPL 学习墙

3．课程开发者

课程开发者是现场人员，而不是专业的企业讲师，所以 OPL 与改善提案（合理化建议）一样，是提升企业员工参与精神的一种方法。图 4-41 所示为深圳地铁运管的 OPL 案例。

主题		检查安检点	
检查安检："三查"一点课	1	查台账：查看安检工作台账	
	2	查状态：检查安检人员在岗情况、工作态度及服务礼仪	
	3	查技能：抽查安检员相关知识、安检器械的掌握程度，应对公共安全突发事件的处理	
	培训实绩	日期	2018年11月20日
		讲师	郑×××
		受训人	

图 4-41　深圳地铁运管的 OPL 案例

4．课程讲授者

课程讲授者一般为课程开发人员，即自己选课题、自己开发课程、自己讲解课程。

5．OPL 推进的目的

通过推行 OPL 培训方案，来鼓励员工积极参与公司的培训工作，将个人智慧和经验进行集体共享，互相学习，从而提升员工的专业技能，加快企业人才的培养，适应和促进企业持续发展的需要。

6．OPL 课题挖掘

OPL 课题挖掘可以从三个方面进行。一方面来自员工自己的发现，员工自主将自己的妙手偶得，将自己的经验、智慧编成 OPL。另一方面是基层管理者、班组长提出的攻关课题，要求员工动脑筋加以解决，而且最终解决并总结形成培训教材的课题。也有一些课题是员工虽然做了某些具有指导和推广意义的工作或者变革，但自己并不以为然，也不善于总结，其上级主管发现后通过引导和提示，乃至帮助这个员工总结提炼成 OPL 课题。

7．OPL 的推行误区

推行 OPL 的常见误区如图 4-42 所示。

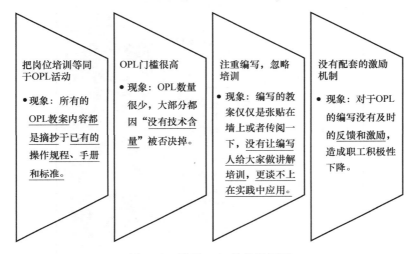

把岗位培训等同于OPL活动
- 现象：所有的 OPL教案内容都是摘抄于已有的操作规程、手册和标准。

OPL门槛很高
- 现象：OPL数量很少，大部分都因"没有技术含量"被否决掉。

注重编写，忽略培训
- 现象：编写的教案仅仅是张贴在墙上或者传阅一下，没有让编写人给大家做讲解培训，更谈不上在实践中应用。

没有配套的激励机制
- 现象：对于OPL的编写没有及时的反馈和激励，造成职工积极性下降。

图 4-42　推行 OPL 的常见误区

8．OPL 的撰写

对 OPL 的撰写虽然不能求全责备，但撰写的内容应该尽可能地做到深入浅出、主题明确、简单易懂、逻辑清晰、便于理解、便于实践运用。涉及原理、理论内容时，以简单够用为主，避免长篇大论的理论描述。

OPL 虽然短小精悍，但仍应该体现 5W2H：

- 讲的什么（What）——内容；
- 谁来讲、谁来学（Who）——讲师与受训对象；
- 应用在何处（Where）——应用的场合、设备；
- 何时应用、何时进行培训（When）——应用时机以及培训时间记录；
- 为什么这样（Why）——原理、理论根据；
- 如何做（How）——方法、手段、工具的应用；
- 做多少、做到什么程度（How much、How many）——作业标准，作业规范，评价标准。

9．OPL 教材评审

OPL 教材撰写完毕后，统一由负责人提交给培训总务部，由总务部组织 OPL 评审委员会对提交教材进行审核。OPL 评审主要关注 OPL 的操作性与合理性。

10．OPL 培训

OPL 教材审核通过后，反馈给各部门，各部门根据生产安排情况，利用生产间歇等时间对相关员工进行培训，后续新进员工也要进行 OPL 培训。培训后将培训记录表提交总务部，并将培训教材展示到生产现场的管理看板上，这样可以方便更多员工利用空余时间对 OPL 教材进行学习和交流。利用这样循序渐进的方式，可以不断提高员工的技能水平。

11．培训效果评价

对 OPL 培训效果的评价有别于其他培训，主要侧重于对工作改善和绩效提高的积极作用。如果培训之后改善了工作，提高了效率，减少或避免了损失，则说明这个 OPL 产生了很好的效果。

★★★★★　4.5　目视化是一种竞争力　★★★★★

4.5.1　目视化管理，看得见的管理

1．理解目视化

在生活中，你是否经常看见如图 4-43 所示的生活中的目视化标识？

图 4-43　生活中的目视化标识

用色彩、方向标识前行的方向等，这些也就是我们在日常生活中常见的目视化管理。

目视化管理的定义（图 4-44），就是指无论谁见到管理的对象，都能立刻对其正常、异常状态做出正确的判断、并且明了异常处置方法的管理，所以也叫

"看得见的管理"。

目视化不是花里胡哨地为了"好看",而是一目了然地为了"好用"。目视化管理的根本目的是把现场潜在的大多数异常显示化,变成任何人一眼就能看明白的事实。所以,目视化做得好,可以提高生产效率、预防质量问题、促进沟通协作,目视化是企业不可忽视的一种竞争力!

2.目视化管理通常有四种表现形式

(1)色彩化、图示化(图4-45)

色彩化、图示化是指正常和异常范围的色彩区分、图示区分等,实例如红绿灯、斑马线等。

图4-44 目视化管理的定义

图4-45 色彩化、图示化

(2)自动提示化

对紧急度高的项目在异常时会自动出现提示,例如设备指示灯,例如在设备排风口加小布条提示设备运转状况(图4-46)。

图4-46 小布条提示设备运转状况

（3）标识位置合理化（图4-47）

标识位置合理化是指容易看得见的位置、高度、方向和场所的接近化，相关部位较多时的集中化。

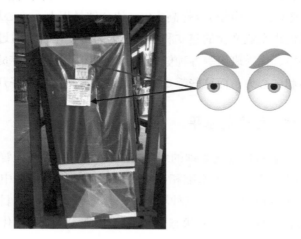

图4-47　标识位置合理化

（4）声音并用化

声音并用化是指同时用声音管理特殊情况，例如救护车、消防车、生产现场安灯（图4-48）等的声音警示。

图4-48　生产现场安灯伴随声音警示

4.5.2　目视化管理，效率和士气兼得

目视化管理的作用是可以使生产效率化并降低成本，简化管理者、监督者的管理业务并提高其效率，提高现场管理者、监督者的能力。其最终目的是：

提高管理水平，优化组织结构，提高生产效率，并形成明快顺畅、具有活力的企业特色。

与此同时，目视化管理可以迅速快捷地传递信息，特别强调客观、公正、透明，有利于统一地识别，因此可以提高士气，让全体员工上下一心地去完成工作。目视化管理可以促进企业文化的建立和形成，因为目视化管理通过看板等方式展示员工的改善提案、优秀班组等各种健康向上的内容，能使所有员工形成一种非常强烈的凝聚力和向心力，而这些都是建立优秀企业文化的良好开端。

4.5.3 目视化管理的水平

若用一堆球来表示目视化管理的水平（图 4-49），则目视化管理分为四个水平：无水准、初级水准、中级水准和高级水准。而初级水准、中级水准、高级水准又分别代表了目视化管理的三种境界——现场组织（5S）、目视化显示和目视化控制。目视化管理最理想的状态是目视化控制，通过目视化控制能够阻止或者预防异常现场事件的发生。

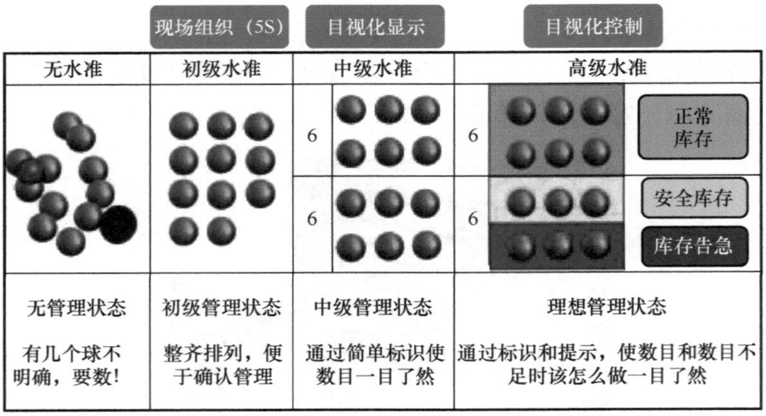
现场组织（5S）
目视化显示
目视化控制
无水准
初级水准
中级水准
高级水准
6
6
6
6
正常库存
安全库存
库存告急
无管理状态
有几个球不明确，要数！
初级管理状态
整齐排列，便于确认管理
中级管理状态
通过简单标识使数目一目了然
理想管理状态
通过标识和提示，使数目和数目不足时该怎么做一目了然

图 4-49 目视化管理的水平

目前，国内大多数企业的目视化管理水平介于目视化显示和目视化控制之间过渡的水平。一般来说，企业已经完全能做到目视化显示，例如图 4-50 指示、图 4-51 提醒、图 4-52 指示+提醒、图 4-53 警示所示，但只实现了目视化控制的部分功能。

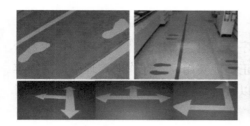

图 4-50　指示

图 4-51　提醒

图 4-52　指示+提醒

图 4-53　警示

4.5.4　目视化控制的主要应用

1. 目视化管理的物品管理

日常工作中，需要对工装夹具、计量仪器、设备的备用零件、消耗品、材料、在制品、完成品等各种各样的物品进行管理。"什么物品、在哪里、有多少"及"必要的时候、必要的物品、无论何时都能快速取出放入"成为物品管理目标。图 4-54 为安全帽存放，非常符合 5S 和目视化的要求。图 4-55 通过定量标识，显示合理的数量，明确正常库存、安全库存和警示库存。

图 4-54　安全帽存放

图 4-55　定量标识

2．目视化管理的作业管理

工厂中的工作是通过各种各样的工序及人组合而成的。各工序的作业是否是按计划进行？是否是按所确定的那样正确地实施呢？在作业管理中，能很容易地明白各作业及各工序的进行状况，以及是否有异常发生等情况，是非常重要的。

图 4-56 通过图示说明了当遇到异常作业时，工作人员会到质量检验站去查看问题，并在质量验证跟踪板上填写异常作业处理 3C 表，表中有原因、对策、责任人、完成时间等项。图 4-57 展示了生产现场实际的报警灯案例，当生产出现异常时，红灯亮起，同时响起报警音乐，信息看板会显示报警位置，相关人员及时到位处理。

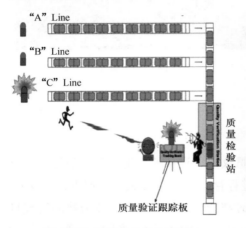

图 4-56　异常作业处理流程

图 4-57　生产现场报警灯

3．目视化管理的设备管理

近几年来，随着工厂自动化的进行，仅靠一些设备维护人员已很难保持设备的正常运作，现场的设备操作人员也被要求加入到设备的日常维护当中。因此，操作者的工作不仅仅只是操作设备，还要进行简单的清扫、点检、润滑、紧固等日常设备维护保养工作。

目视化管理的设备管理是以能够正确地、高效率地实施清扫、点检、润滑、紧固等日常保养工作为目的，以期达成设备 "零故障" 的目标。图 4-58 为仪表的目视化：标识出计量仪器的正常及异常范围、管理界限，是否正常供给、运转清楚明了，何处故障一目了然。图 4-59 为管道的流向及介质目视化，防止检修时误操作。

图 4-58　仪表的目视化　　　　图 4-59　管道的流向和介质目视化

4．目视化管理的品质管理

目视化管理能够有效防止许多"人的失误"产生，从而减少品质问题发生。

　　图 4-60 是某电子产品企业良品和不良品的容器，根据质量标准划分产品放置，采用蓝色和红色盒子摆放，一目了然，控制不良品移动，减少人为差错。

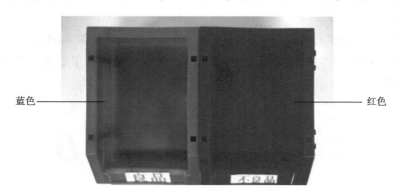

图 4-60　良品与不良品的容器

4.6　安全是一切工作的入口

4.6.1　安全意识

制造型企业，大多数员工在班组，绝大多数机械、设备归班组使用和维护，班组是有效控制事故的前沿阵地。

班组安全管理工作的实质就是保证职工的人身安全和健康（EHS），保证公共财产的安全，保证生产劳动得以顺利地进行。因此，我们身边需要安全警示标识（图4-61）提醒我们、安全围栏（图4-62）保护我们。

图 4-61 安全警示标识   图 4-62 安全围栏

五星班组的推行告诉我们：只有抓好班组安全管理，使"安全第一、预防为主"的方针和企业的各项安全工作真正落实到班组，企业安全生产的基础才会牢固；扎扎实实地打好班组安全生产的基础，就抓住了企业安全生产的大头。

五星班组的推行告诉我们：安全是一切工作的入口（图4-63），安全是前面的"1"，其他所有的工作是后面的"0"，企业中一旦没有了安全，其余的一切都将归零。

图 4-63 安全是一切工作的入口

从表面上看，班组安全管理、安全投入等不仅不能创造效益，而且经常会与生产效率和企业效益发生矛盾，传统的企业往往因此忽略安全去盲目追求效益，最终是得不偿失的。为什么这么讲呢？

如图4-64所示，丰田英二关于员工作业的名言告诉了我们一个浅显的道理：

一个员工连安全的作业都做不到，也一定不可能实现可靠的作业和熟练的作业，更无法达到精益生产的目的——以最少的投入满足顾客的需求，并获取最大的回报。

> **安全的作业，可靠的作业，熟练的作业。**
> **安全的作业是员工作业的第一关！**
>
> ——丰田英二

图 4-64　丰田英二关于员工作业的名言

4.6.2　安全隐患与人的不安全行为

在安全管理方面，有一个人人皆知的法则：海因里希法则，如图 4-65 所示。

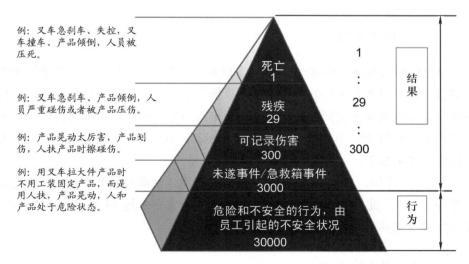

图 4-65　海因里希法则

海因里希法则告诉我们：300 起可记录的伤害，会导致 29 起严重的伤害和 1 起重大的伤亡事故。所以说，安全事故的发生与你的现场看起来是否危险关系不大，主要是危险和不安全的行为所致。杜邦的调查统计验证了这一点：92% 以上的事故都是人的不安全行为导致的，如图 4-66 所示。

那么，在五星班组管理中，应该如何发现和消除现场的安全隐患呢？五星班组建设中有一系列的安全隐患消除的方法，本书着重介绍其中三项：整理整顿、安全生产红线和危险预知训练 KYT。

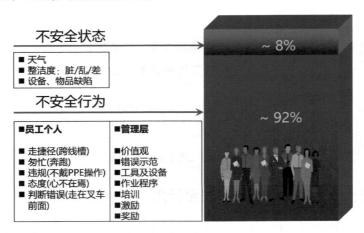

图 4-66　杜邦关于人的不安全行为的调查

4.6.3　整理整顿

从 5S 的起源可以知道，1955 年，日本劳动安全协会提出了"安全始于整理整顿，终于整理整顿"的口号。当时只推行了前两个 S，即整理整顿，其目的仅是为了确保作业空间和安全生产。后来因为生产和品质控制的需要，又逐步提出了后面的 3S，也就是清扫、清洁、素养，从而使 5S 的应用空间及适用范围进一步拓展了。

到了 1986 年，日本关于 5S 的著作陆续问世，从而对整个现场管理模式起到了冲击，并由此掀起了 5S 的热潮。由此可见，安全才是 5S 管理创立的初心，安全管理一定要重视整理整顿。

4.6.4　安全生产红线

什么是安全生产红线？红线就是带电的"高压线"，就是"生命线"，是不可触碰的，谁触碰了谁就要付出沉重的代价。

对于企业制定的安全生产红线，要以最坚决的态度坚守，对"红线"，要有敬畏之心、戒惧之心，绝不能踩踏，才能真正落实"安全第一"。

案 例

华为的安全生产红线如图 4-67 所示。

序号	级别	违反安全红线行为描述	对当事人的处理标准	对主管的处理标准
1	A级	指示或蓄意容忍他人违反生产安全红线行为	上报人力资源部处理和通报：降职降薪，且冻结期不少于一年，对于后果严重或性质恶劣的按严重违纪直接解除劳务合同	通报直接和间接主管，并纳入关键事件考核（自查自纠发现的除外）
2	A级	无政府或公司颁发的上岗证，操作或维修特种设备，包括但不限于电动叉车、压力容器、电梯等（客梯和设置为自动控制的货梯除外）		
3	A级	将电动叉车借给无证人员独立使用		
4	A级	电动叉车司机离开叉车时，未拔出并带走电动叉车钥匙（人离开叉车需随身带走钥匙）		
5	A级	未经授权进行动火作业(动火作业需申请)		

图 4-67　华为的安全生产红线

在五星班组推进过程中，我们会辅导每个企业，根据本企业的实际情况，制定本企业现场的安全生产红线。

4.6.5　危险预知训练 KYT

危险预知训练 KYT 的含义如图 4-68 所示。

图 4-68　危险预知训练 KYT

危险预知训练起源于日本住友金属工业公司的工厂，后经三菱重工业公司和长崎赞造船厂发起为"全员参加的安全运动"，1973 年经日本中央劳动灾害防止协会推广，形成技术方法，在尼桑等众多日本企业获得了广泛运用，被誉为"O 灾害"的支柱。

KYT 的要点：通过小组（Small Group，小组一般 5～7 人）活动，运用 KYT 解决问题的四步法识别并消除安全隐患。KYT 解决问题四步法如图 4-69 所示。

			KYT实施点	
观察	1R	把握事实（现状把握）	存在什么潜在危险	去现场检查现物
考虑	2R	找出本质（追究根本）	这是危险的关键点	不遗漏任何危险部位
评价	3R	树立对策	要是你的话怎么做	可实施的具体对策
决定	4R	决定行动（设定目标）	我们应当这么做	把……这么……（团队唱和）
实践				责任者、日程
总结/评价				全体成员

图 4-69　KYT 解决问题的四步法

 案　例

驾驶叉车的 A 员工，由于出库过迟，急于要将材料搬出，在库房门旁边的 B 员工正在作业，未注意来车，请运用 KYT 对叉车作业进行案例分析（图 4-70），识别并消除叉车作业中的安全隐患。

图 4-70　KYT 叉车作业案例分析

（1）KYT 四步法 1R——现状把握（图 4-71）

进行小组讨论，每人至少提 1 条，列出存在什么潜在危险，并整理。

（2）KYT 四步法 2R——追究根本（图 4-72）

第一，每人指出 1～2 条认为最危险的项目，在认为有问题的项目画一个"○"；第二，问题集中、重点化，最后形成大家公认的最危险的项目，合并为 1～2 个项目。画"◎"的项目为主要的危险因素。

1R: 有什么潜在危险?

1. 因物品堆放过高,会挡住视线造成车祸
2. A员工因未戴安全帽,会被部品砸伤
3. 车子速度快,会刹不住车而撞到人
4. B员工在走道上作业,会被车撞到
5. 载物过高,未倒退行驶,会撞到人及物
6. 料架未堆放好,会造成物品掉落伤人

图 4-71　1R——现状把握

2R: 危险的关键

① 因物品堆放过高,会挡住视线造成车祸 危险!
② A员工未戴安全帽,会被部品砸伤
③ 车子速度快,会刹不住车而撞到人 危险!
④ B员工在走道上作业,会被车撞到
⑤ 因载物过高,未倒退行驶,会撞到人及物 危险!
6. 因料架未堆放好,会造成物品掉落伤人

图 4-72　2R——追究根本

（3）KYT 四步法 3R——树立对策（图 4-73）

针对每一个最危险的因素，头脑风暴提出 3 条以上具体、可实施的对策。

（4）KYT 四步法 4R——设定目标（图 4-74）

把对策合并为 1～2 项最可行的措施。

3R: 树立对策(假如是你该怎么办?)

1-1 物品堆放不要超过视线
3-1 车子装设超速警报器
3-2 轮子划十字线目视化管理
5-1 物品超过视线时,倒退行驶

图 4-73　3R——树立对策

4R: 我们要这么做

❖1-1 物品堆放不要超过视线
❖3-1 车子装设超速警报器
3-2 轮子划十字线目视管理
5-1 物品超过视线时,倒退行驶

小组行动目标（团队唱和）:
装设报警器及高度标识,好!!

图 4-74　4R——设定目标

在安全隐患识别和消除方面，还有很多其他方法，企业可以根据自己的特点，选择 KYT 或者其他方法，导入五星班组管理中。

第 5 章

全员效率改善 TEK

不积跬步，无以至千里；不积小流，无以成江海。

"科学管理之父"泰勒说过："雇主关心的是低成本，员工关心的是高工资，只有劳动生产率提高了，双方才能都受惠，这是双方进行'精神革命'并达到合作与协调的基础。"诚然，效率的提升才能为企业创造更多价值，提高企业竞争力，企业创造的价值越多，雇员也才能收获更多。

本章系统介绍全员效率改善（Total Efficiency Kaizen，TEK），这里的 Kaizen 就是日语的"改善"。本章中，首先介绍改善的基本原理，然后通过案例帮助读者掌握一系列效率改善的方法。

★★★★★　5.1　改善 Kaizen　★★★★★

改善在日语中是指小的、连续的、渐进的改进。"改善之父"今井正明先生 1984 年出版了著作《改善，日本企业成功的奥秘》，之后改善的思想和方法风靡全球。改善的日语发音是 kaizen，在 1993 年被牛津技术词典收录为一个英文单词，这更加速了改善思想在全球的传播。

在丰田公司，生产过程就像设计的舞蹈，工人看上去就像舞蹈演员：取零件，进行安装，检查质量……这一切都是持续改善的结果。在丰田，改善既是每一位员工必须掌握的最基本的思想，也是企业发展最重要的动力源泉。通过改善，可以将工作变得更容易、更方便、更安全、更稳定。

关于改善，你必须知道下述几个概念。

1. 浪费

改善的对象就是浪费。这个浪费，比中文中的浪费意思更广泛，在日文中，这个浪费有个专门的术语叫"無駄"（日语发音 Muda），它是站在客户角度来定义的。

以下两种情况都叫作浪费（無駄，Muda）：

1）客户不愿意付费的；

2）不能把材料和信息转化为客户需求的。

总之，不符合客户需求的，都是浪费。比如，生产过程中需要等待订单、搬运在制品等，这些都不是客户需要的，都是浪费。与之相反的叫作增值。

2．七大浪费

大野耐一将流程中的浪费定义为七种：为了方便记忆，我们可用"WIDETOM"来简称这七大浪费，如图 5-1 所示。

3．三现主义

1）现场：现场是一切问题或者结果的来源。离现场越远，就是离客户越远，就是离 QCD 越远。有异常，去现场。

2）现物：跟问题或者结果息息相关的材料、产品、设备和工具等，叫作现物。到了现场，检查现物。

3）现实：现物发生了哪些变化，导致了这个问题或者结果，把变化的信息准确地用 5W2H 记录下来，日语叫作现实，相当于中文的现况、现状。

这就是三现，或者叫作三现主义（图 5-2）。

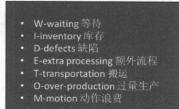

图 5-1　七大浪费

图 5-2　三现主义

4．三现的方法和工具

三现的方法和工具有大野耐一圈、流程穿越和动线图。

（1）大野耐一圈

今井正明先生在北京演讲时，讲了大野耐一圈的来源。大野先生特别重视现场，身为大野耐一关门弟子的丰田前社长张富士夫回忆表示，自己年轻还是小职员的时候，主管经常会问他到过现场没有。被问到第三次以后，自己就懂得了，先到现场察看才去见主管以免挨骂，久而久之自然就养成了去现场的习惯。

大野先生还有一个爱好，喜欢在西服兜里装几根粉笔。为培养管理人员和员工的观察力，大野耐一经常会在工厂的地上画一个圈圈，要求他们站在中间，用心观察生产活动的节拍，找出潜藏其中的浪费，这个圈圈就是"大野耐一圈"。图5-3所示为我们深圳1号工匠馆里识别浪费的大野耐一圈。

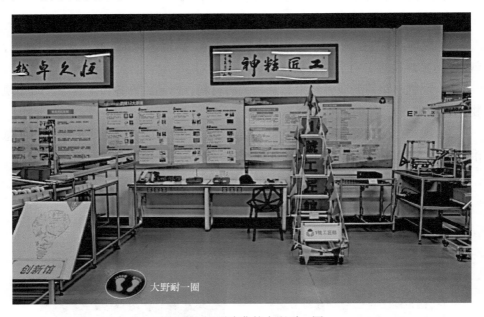

图5-3　识别浪费的大野耐一圈

站在大野耐一圈内观察，是培训和实践在现场识别浪费非常有效的方法。要把观察到的现象记录在如下的浪费识别表（图5-4）中。

（2）流程穿越

把自己当成这个流程的客户，按照现有的流程，从头到尾走一遍，以此来识别流程中浪费的方法，叫作流程穿越。如图5-5所示为某一次去超市购物的流程穿越，其中只有选购和结账是增值的，其余的活动都是浪费，准确记录每个活动的时间，就可以得到这个流程的增值比。

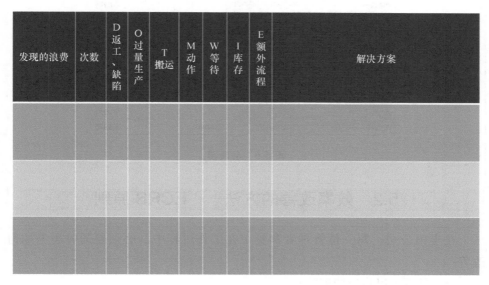

发现的浪费	次数	D 返工、缺陷	O 过量生产	T 搬运	M 动作	W 等待	I 库存	E 额外流程	解决方案

图 5-4　浪费识别表

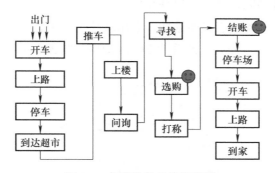

图 5-5　超市购物的流程穿越

（3）动线图

把员工走动的轨迹记录下来，就形成动线图。

员工在仓库中一天装卸、运输的动线图如图 5-6 所示。员工每天平均走路 12 公里以上，最多的一天走 16.8 公里。

		南北通道			
西01跨		西31跨	东31跨		东01跨
西02跨					东02跨
西03跨					东03跨
西04跨					东04跨
西05跨					东05跨
					东06跨
西07跨					东07跨
西08跨					东08跨
西09跨					东09跨
西10跨		西40跨	东40跨		东10跨

图 5-6　动线图

5.2　效率改善的方法——ECRS 原则

在丰田公司，每一位管理者和员工在工作过程中，必须要同时思考如何改善：

- 是否可以将浪费消除？
- 如果不能消除，是否可以减少？
- 如果可以消除或者减少浪费，会出现什么结果？

消除浪费的基本方法就是改善的 ECRS 原则，如图 5-7 所示。

01　取消（Eliminate）

02　合并（Combine）

03　重排（Rearrange）

04　简化（Simple）

图 5-7　ECRS 原则

ECRS 原则是工业工程学中程序分析的四大原则，用于对生产工序进行分析和优化，以减少不必要的工序浪费，达到更高的生产效率。

5.2.1　取消（Eliminate）

首先考虑该项工作有无取消的可能性。如果所研究的工作、工序、操作可以取消而又不影响在制品的质量和组装进度，便是最有效果的改善。不必要的工序、搬运、检验等，都应予以取消，特别要注意那些工作量大的装配作业。如果不能全部取消，可考虑部分地取消。例如，由本厂自行制造变为外购，实际上也是一种取消和改善。

制品计数-取消 E 的应用（图 5-8），改善后取消了点数的流程活动。

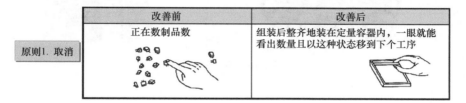

改善前	改善后
正在数制品数	组装后整齐地装在定量容器内，一眼就能看出数量且以这种状态移到下个工序

原则1. 取消

图 5-8　制品计数-取消 E 的应用

5.2.2　合并（Combine）

合并就是将两个或两个以上的对象变成一个。如工序或工作的合并、工具的合并等。合并后可以有效地消除重复现象，能提升效率。当工序之间的生产能力不平衡，出现人浮于事和忙闲不均时，就需要对这些工序进行调整和合并。有些相同的工作完全可以分散在不同的部门去进行，也可以考虑能否都合并在一道工序内。

涂胶-合并 C 的应用（图 5-9），减少了涂胶的次数，提升了效率。

改善前	改善后
用注射器在端子两侧涂敷树脂（合计四次）	使用了两个针头，只要涂敷两次

原则2. 合并

图 5-9　涂胶-合并 C 的应用

多头螺丝刀（图5-10）中，所有型号的螺丝刀头通过标准化连接方式，共用一把螺丝刀柄。

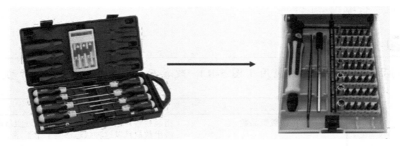

图 5-10　多头螺丝刀

瑞士军刀（图5-11）集多种功能于一身。

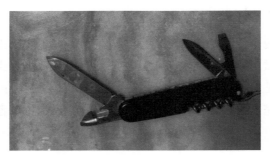

图 5-11　瑞士军刀

5.2.3　重排（Rearrange）

重排也称为替换，就是通过改变工作程序，使工作的先后顺序重新组合，以达到改善工作的目的。例如，前后工序的对换、手的动作改换为脚的动作、生产现场机器设备位置的调整等。

工作台排布-重排R的应用（图5-12），消除了很多手和胳膊动作的浪费。

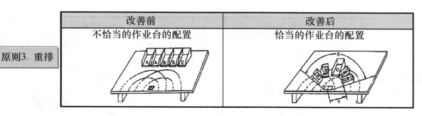

图 5-12　工作台排布-重排 R 的应用

 案　例

超市购物袋的拿取流程。

沃尔玛超市原来结账时先扫描物品后询问顾客是否需要购物袋，导致每位顾客都会占用柜台时间完成装袋。

后来美国沃尔玛超市率先对结账步骤进行重新排列，先准备好购物袋再收银（图 5-13），便于顾客提前装袋；同时，设置快速通道（5 件商品以内），现金和信用卡在不同柜台收银（图 5-14），因为现金效率高于刷卡效率，便于现金顾客高效完成购物。

图 5-13　先准备购物袋再收银　　　　图 5-14　现金和信用卡在不同柜台收银

5.2.4　简化（Simplify）

经过取消、合并、重排之后，再对该项工作做进一步更深入的分析研究，使现行方法尽量地简化，以最大限度地缩短作业时间，提高工作效率。简化是一种工序的改善，也是局部范围的省略，整个范围的省略也就是取消。

 案　例

物品滚入箱内（图 5-15），减少了物品的碰伤和动作浪费。

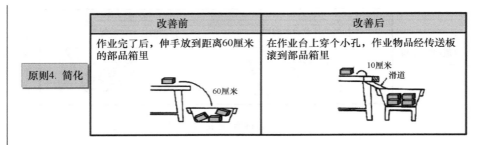

改善前	改善后
作业完了后，伸手放到距离60厘米的部品箱里	在作业台上穿个小孔，作业物品经传送板滚到部品箱里

原则4. 简化

图 5-15　物品滚入箱内-简化 S 应用

案 例

产线作业改善，ECRS 的综合应用（图 5-16）。

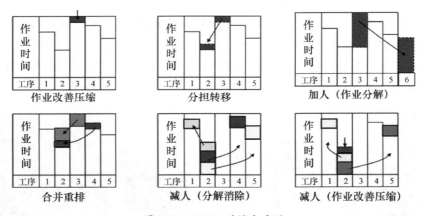

图 5-16　ECRS 的综合应用

在这个案例中，可以利用 ECRS，实现多种结果的改善：

1）人员不变的情况下，可以消除瓶颈工序的浪费来减少周期时间（CT），提升产能；

2）人员不变的情况下，可以通过重排瓶颈工序来减少 CT，提升产能；

3）当客户订单大增时，可以通过加人和消除浪费来减少 CT，提升产能；

4）人员不变的情况下，可以通过合并与重排来减少 CT，提升产能；

5）订单不足时，可以通过重排、合并来减少人员投入；

6）订单不足时，也可以通过消除浪费等来减少人员投入。

★★★★★ 5.3　效率改善的方法——IE 动作分析 ★★★★★

动作分析，就是指研究分析操作者的细微动作，以特定的符号记录身体部位的动作内容，消除不合理现象，简化操作方法，制定出轻松、省时、高效、安全的标准动作序列。

1. 动作分析是工业工程中的经典理论。

工业工程（IE，Industry Engineering），是从科学管理的基础上发展起来的一门应用性工程技术。传统 IE，通过时间研究与动作研究，工厂布置，物料搬运，生产计划和日程安排等，来提高劳动生产率；现代 IE，以运筹学和系统工程作为理论基础，以计算机作为先进手段，兼容并蓄了诸多新学科和高新技术。动作分析与 IE 的关系如图 5-17 所示。

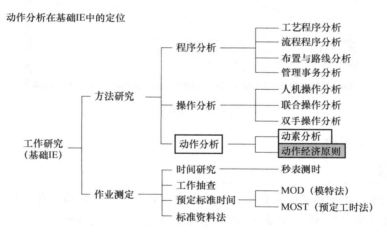

图 5-17　动作分析与 IE 的关系

2. 动作分析由吉尔布雷斯夫妇始创

吉尔布雷斯夫妇，与泰勒一起，被尊称为科学管理的先驱和工业工程的重要奠基者。

他们发明了一个"动素"的概念，把人的所有动作归纳成 17 个动素，如手腕动称为一个动素，从而把所有的作业分解成一些动素的和。

动作分析，是指研究分析操作者的动素，以特定的符号记录身体部位的动作内容，消除不合理现象，简化操作方法，制定出轻松、省时、高效、安全的标准动作序列。

3. 动作分析的18种动素

吉尔布雷斯提出了17个动素,组成人的动作的最基本单元。后来,美国机械工程师学会增加了"发现"(Find)这个动素,用F表示。18种动素如图5-18所示。

符号	名称	缩写	符号	名称	缩写
⌣	伸手	TE	→	选择	St
⌢	握取	G	ρ	计划	Pn
⌣	移物	TL	9	定位	P
#	装配	A	8	预定位	PP
∪	使用	U	⌒	持住	H
#	拆卸	DA	ℓ	休息	R
⌢	放手	RL	⌒	迟延	UD
0	检查	I	⌒	故延	AD
⊙	寻找	Sh	⊙	发现	F

图5-18　18种动素

4. 动作分析

UPS(联合邮包服务公司)是世界上最大的快递承运商与包裹递送公司,在全球雇用了近40万名员工,平均每天将900万件包裹发送到美国各地和190多个国家。为了实现其"在邮运业中办理最快捷的运送"的宗旨,UPS的工业工程师们对每一位送货员的行驶路线都进行了时间研究,并对运货、暂停和取货活动都设立了标准。这些工程师记录了红灯、通行、按门铃、穿过院子、上楼梯、中间休息喝咖啡的时间,甚至上厕所的时间。将这些数据输入计算机,从而给出送货员的定编和每一位送货员每天工作的详细时间标准。

UPS系统地培训员工,使他们尽可能高效率地从事工作。为了完成每天取送130件包裹的目标,送货员必须严格遵循工业工程师设计的流程和作业标准。当他们接近发送站时,先松开安全带,按喇叭、关发动机、拉起紧急制动、把变速器推到 1 挡上,为送货完毕的启动离开做好准备,这一系列动作严丝合缝。然后,送货员从驾驶室出溜到地面上,右臂夹着文件夹,左手拿着包裹,右手拿着车钥匙。他们看一眼包裹上的地址把它记在脑子里,然后以每秒 3 英尺(1 英尺=0.3048 米)的速度快步走到顾客门前,先敲一下门以免浪费时间找门铃。送货完毕后,他们在回到卡车的路途中完成登录工作。

最适合工作区域与最有效工作区域。

通过最适合工作区域和最有效工作区域研究(图 5-19),以消除多余的动作,减轻劳动强度,使操作简便有效,从而制定出最佳的动作程序。

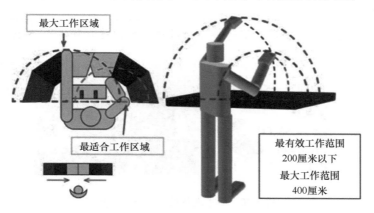

图 5-19　最适合工作区域和最有效工作区域研究

★★★★★ 5.4　效率改善的方法——快速切换 SMED ★★★★★

5.4.1　快速切换的目的和背景

随着市场需求的变化,大批量生产方式已悄然为多品种、小批量的生产方式所取代,企业必须缩短交付周期时间以便快速响应客户需求。在这样的生产方式下,对于生产现场来说,产品切换效率尤为重要,其决定了平准化生产的水准,而平准化的水准代表着企业对客户需求的反应速度。

快速切换(Single Minute Exchange of Die,SMED)是由丰田公司顾问新乡重夫开发的,因为采用这种方法可以把换型时间降低到 10 分钟以下,所以新乡博士将其称为单分钟的换型，是一种能有效缩短产品切换时间的理论和方法。1970 年，丰田公司成功地把重达 800 吨的机罩用冲压机的作业转换时间从 4 小时缩短到 3 分钟，SMED 对效率的提升作用非常显著。

切换时间是指上一个型号的最后一件"好"产品和下一个型号批量生产中的第一件"好"产品之间的时间间隔。

我们把快速切换的诀窍总结为"3T"：

- Time（时间），把内部时间，改为外部时间；
- Team（团队），依靠团队合作，而非操作员单打独斗；
- Tools（工具），制造专用工具，而非通用工具。

通过中途补给、更换轮胎等赛车进展过程的快速切换（图 5-20）来对 3T 秘籍加以说明。

图 5-20 赛车进展过程的快速切换

在赛车过程中，车辆需要中途进站补给、更换轮胎就是一次切换，从停车到再次启动的时间就是切换时间。这一时间少到惊人，最快仅需要 3.2 秒。他们是如何做到的呢？

1）Time 时间：在车辆到来之前，一切都准备就绪，更多依赖外部准备时间。

2）Team（团队）：整个进站补给过程是一个团队完美配合的典范，共需要 22 位人员的参与。其中：

- 1~12 位：负责换轮胎（每一个轮胎需要三位技师，一位负责拿气动扳手拆、锁螺钉，一位负责拆旧轮胎，一位负责装上新轮胎）。
- 13 位：负责操作前千斤顶；14 位：负责操作后千斤顶；15 位：负责在赛车前鼻翼受损必须更换时操作特别千斤顶。

- 16 位：负责检查引擎气门的气动回复装置所需的高压力瓶，必要时补充高压空气。
- 17 位：负责持加油枪，这通常由车队中最强壮的技师担任；18 位：协助扶着油管；19 位：负责加油机。
- 20 位：负责持灭火器待命。
- 21 位：称为"棒棒糖先生"，负责手持写有（刹车）和（入挡）的指示板，当牌子举起时，即表示赛车可以离开维修区了。他是唯一配备了与车手通话的无线电话的人。
- 22 位：负责擦拭车手安全帽。

进站切换过程中，这 22 位并非全部为专业技师，其中还包括技术团队、车队经理，甚至公关团队成员。

在推进五星班组建设的过程中，涉及切换作业的类型非常多，因此掌握快速切换这种工具方法对于班组作业效率提升、产能提升很重要。

5.4.2　快速切换作业的种类及改善的八大步骤

在企业中，切换作业主要有以下几个类别：模具或切割工具的更换作业；基准变更作业；装配材料或器具的更换作业；制造前的一切准备工作等。

SMED 改善过程由两部分组成：第一从流程管理入手，减少乃至消除外切换时间，并尽可能将内切换作业调整到外切换进行，以减少停机的时间；第二从技术创新入手，改进作业方法，缩短切换作业时间。

SMED 改善过程如图 5-21 所示，具体的改善过程可以划分为八大步骤：
- STEP1：现场观察并记录切换的流程；
- STEP2：对记录时间和各种浪费进行分析；
- STEP3：区分记录时间的内外活动；
- STEP4：分析所有的切换动作和方法；
- STEP5：把可能的内部作业转为外部作业；
- STEP6：重新优化组合内外部作业顺序；
- STEP7：试验并改进新方法；
- STEP8：练习及实施完善后新的操作标准。

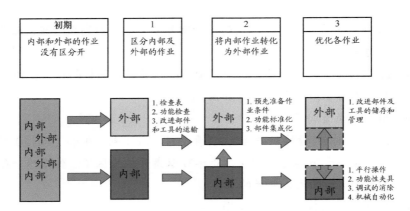

图 5-21　SMED 改善过程

下面是某公司真实 SMED 案例，具体实施步骤说明如下。

STEP1：现场观察并记录切换的流程，使用摄像机拍摄。

对切换的全过程摄像，中间不要停顿，以便你能用录像分析各步骤的时间；注意切换人员的手、眼、身体运动；记录录像内容，并用秒表记录各活动的时间，填写表 5-1 所示的换模作业分析表。

表 5-1　换模作业分析表

设备号	YY8-1#		测时人		日期		
前品名模号			换模人数		内部时间比例		
后品名模号			总时间	83 分钟	外部时间比例		
NO	切换作业	开始时间	单元时间/分钟	切换区分		改善建议	
				内部	外部		
1	拆吸头	10:28-10:33	5	√			
2	拆装定位框			√			
3	找原点			√			
4	雕辅助框	10:34-10:45	11	√			
5	雕定位框	10:45-11:02	17	√			
6	装吸头	11:03-11:13	10	√			
7	铣盘面	11:50-12:10	20	√			
8	调试	12:10-12:30	20	√			
9							
	合计		83				

STEP2～STEP5：把可能的内部作业转为外部作业。

对策实施举例：快速切换的工具改善及现场定置，如图 5-22 所示。

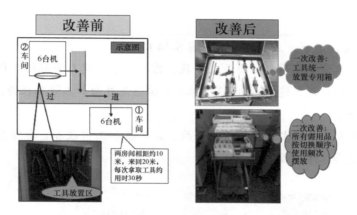

图 5-22　快速切换的工具改善及现场定置

STEP6：重新优化组合内外部作业顺序（图 5-23）。

设备号				测时人		日期	2013.9.6
前品名模号				换模人数	1	内部时间比例	70.00%
后品名模号				总时间	216.41分	外部时间比例	29.00%

NO	切换作业	开始时刻	单元时间	切换区分		改善建议
				内部	外部	
1	拆吸头	3:17-13:06	9.81	√		另一人安装定位框
2	装吸头	13:06-19:41	6.58	√		
3	换铣刀	19:41-23:20	3.65	√		合理选择铣刀
4	铣吸头外围	23:20-54:31	31.18		√	转外部加工
5	换铣刀	1:54-2:53	1		√	
6	铣槽	2:53-26:29	23.6		√	转外部加工
7	换铣刀	26:29-30:04	3.58		√	
8	打吸气孔	30:04-35:23	5.31		√	转外部加工
9	铣平面	35:23-49:37 1:57-12:03	24.33	√		
10	铣定位框	12:03-30:55	18.86	√		换胶木定位框
11	调试	30:55-59:18 0:20-59:52	88.51	√		
合计		216.41				

图 5-23　优化组合内外部作业顺序

STEP7：试验并改进新方法。

试验并改进新方法实施举例（图 5-24）。

● 改善前：铁质定位框原点寻找，需要打表、用刀头触碰定位框边缘，最佳精度只能达到±0.03毫米；定位框是外面加工好孔径的，存在累积公差。

● 改善后：胶木定位框原点寻找、定位框加工由设备自身功能完成，精度为机床精度。

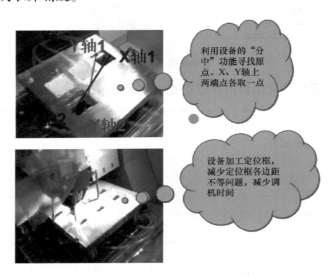

图 5-24　试验并改进新方法实施举例

制定切换改善对策表（表 5-2）。

表 5-2　切换改善对策表

序号	改善方法	细部描述	备注
1	事前准备	在机器旁放置必需的模具、工具和耗材	
2	手可以动，但脚不能动	为了不走3步以上，专用化、手元化、并列化	
3	螺钉不要松到头	改善螺旋为一次就能拧紧的结构	
4	彻底不使用螺钉	改善成不使用螺钉就能上紧并固定的装置	
5	模具、工具的基准保持一致	不需要调整位置、快速就能作业的方法	
6	调整是浪费，不要移动基础部分	如果要动就动比较小的部件	
7	参照刻度调节作业，要使用量规	刻度化、量规化	
8	使用限位SOP或导轨等增效工具	容易插入、固定	

制作换模台车和工具车（图5-25）。

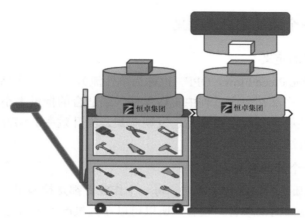

图5-25　换模台车和工具车

STEP8：练习及实施改善后新的作业标准。

在快速切换改善作业完成后，确认快速换型前后效果对照（图5-26），形成各项可执行的作业标准，以便将最优的切换作业顺序和方法进行固化，并长久执行。这些标准往往体现为作业程序、标准操作SOP、培训手册或相关的程序等。

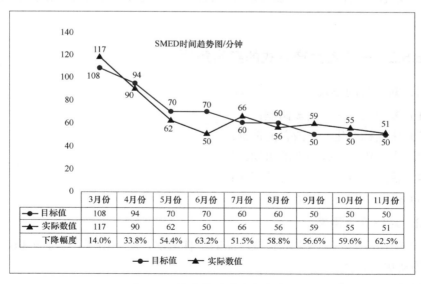

SMED时间趋势图/分钟

	3月份	4月份	5月份	6月份	7月份	8月份	9月份	10月份	11月份
目标值	108	94	70	70	60	60	50	50	50
实际数值	117	90	62	50	66	56	59	55	51
下降幅度	14.0%	33.8%	54.4%	63.2%	51.5%	58.8%	56.6%	59.6%	62.5%

━●━ 目标值　　━▲━ 实际数值

图5-26　快速换型前后效果对照

★★★★★ 5.5 效率改善的方法——一个流 OPF ★★★★★

5.5.1 一个流的定义及意义

1. 一个流的定义

一个流（One Piece Flow，OPF，也称为单件流），是指按产品类别布置的多制程生产方式，产品在生产过程中实现单件（最适合的批量大小）流动，它是准时化生产的核心，是解决在制品、发现瓶颈、提升效率的秘方，是发现、消除浪费的最好方法。

2. 实施一个流的意义

1）保证品质：当采用一个流时，每一个作业者都是检验员，且每件产品很快地由下一工序（内部顾客）查看，所以可以在大量产出之前迅速发现缺陷。

2）改进生产力：许多伴随批量生产而来的不增值作业通过一个流也随即消除（如整理物料、捆扎、搬运等）。

3）降低库存成本：占用资金随库存降低而减少。

4）释放作业空间：一个流减少了在制品，所以存放在制品的空间得以释放。流动要求作业互相连接，所以设备之间的空间得以减少。

5）增强灵活性：一个流通过缩短流程周期，使得企业拥有更加快速的反应系统。

5.5.2 一个流生产方式的实施条件

1. 对人员的要求

1）多能工——一人多岗制；

2）作业标准化——改善的前提；

3）少人化——有弹性的组织；

4）辅助人员——非标准的工作；

5）团队协作——荣辱与共。

2. 对物流的要求

1）单件流动：制程中应实现产品的单件流动，避免出现在制品堆积，使得产品品质更有保障。

2）物品不能落地。

3）物流路线的改善：物流的道路通畅可使物料流动时不受阻碍，同时在生产线变动时能更快速切换。

4）可流动的周转容器：原物料、配件等尽量用可流动的周转容器来搬运，可起到定容定量、方便流转的作用。

5）不能交叉的物流：生产线的布局不能让物流交叉，避免混流。

6）辅助人员保证物流：生产线应设置辅助人员来完成非标准的动作，尽量减少生产线作业员因各种变异因素而造成停线。

7）零配件的放置应符合动作经济原则：

- 两手同时使用——物料应扇形对称布置。
- 基本动作单元力求减少——物料、工具应按顺序放置。
- 动作距离力求缩短——物料、配件应置于正常工作范围内。
- 舒适的工作——物料的高度应适当。

5.5.3 一个流生产方式的实施步骤

STEP1：全员的意识建立。

观念上必须改变，要站在客户的立场去考虑，坚持以一个流的生产方式作业，尤其是管理者。

STEP2：成立示范改善小组。

不同部门的中坚力量成立示范改善小组尝试，以便能彻底实施。

STEP3：选定示范生产线。

应从最容易的地方下手做示范。

STEP4：现况调整分析。

选定示范线后，应先充分了解该产品的生产状况（如生产流程图，生产线布置方式，人员的配置及生产性，库存时间，人力，设备的稼动率）。

STEP5：设定节拍时间（TT）。

节拍时间是以每日的工作数除以每日市场的需求数，即目标时间（规制时间）。许多改善的出发点是以节拍时间为依据的。节拍时间随着净工作时间及订单量的变化而变化，与现场的设备、人员的生产能力是无关的。

STEP6：决定设备、人员的数量。

根据节拍时间、各制程的加工时间和人力时间，计算出各个制程的设备需求数和作业人员的需求数。设备不足，应分析稼动率，进一步改善以提高设备产能；而人员不足，则必须努力设法将不足一个人的工作量予以改善并消除掉，即少人化。

STEP7：布置一个流的生产线。

要按照制程加工顺序，以逆时针流动，设备尽量靠拢以减少人员走动及物品搬运的距离。设备小型化、滑轮化、专用化，设备的工作点高度应抬高，以增加作业人员工作的灵活性。

STEP8：配置作业人员。

按照计算所得的作业人数及机器设备的布置，以"节拍时间"为目标，将各制程分配到每一个作业员，使得每一位作业员所分配到的制程人力时间的总和能与"节拍时间"完全一致为最好，或者越接近越好。作业员中必须要有能操作多项制程的多能工，才能有效充分地利用人力时间。

STEP9：单件流动。

流线化生产的方式，就是将以往不知道的潜在浪费暴露出来，生产线建立后，就能以加工一个、检查一个、传送一个到下一制程的方式生产，此即单件流动的意义。

STEP10：维持管理与改善。

流线化生产线配置好之后，会有各种意想不到的问题，应尽量改善，对于人员的排斥，应苦口婆心予以沟通让其接受。

STEP11：水平展开与无人化目标。

此生产线的范例应在全工厂内推广，并朝着无人化的目标前进。

5.5.4　一个流生产方式【案例】

1. 某服装企业车间改善前的功能布局和作业方式（图 5-27）

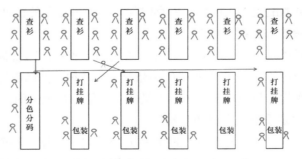

图 5-27　改善前的功能布局和作业方式

2．作业流程分析

在三现主义（大野耐一圈+流程穿越）中，关于流程中的浪费识别如图5-28所示。

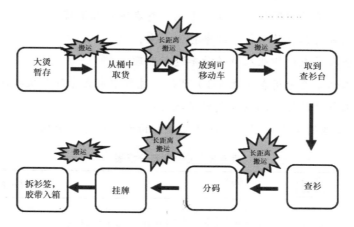

图 5-28　流程中的浪费识别（某服装企业工艺）

3．主要问题整理（图5-29）

上料由收发或员工手工搬运物料，效率低

员工个人单独计件，数量管理难度大

查衫结束后至下工序人工搬运

工序在制品大量积压

工序在制品大量积压

打包区距离包装线太远，物流搬运路径长

图 5-29　主要问题整理

主要问题总结如下：

1）当前各岗位均为孤岛式作业，产品未流动起来，存在大量在制品；

2）员工均为独立作业，无节拍意识，工序间存在等待浪费；

3）因工序的工位布置不合理，作业过程存在大量搬运浪费；

4）同款产品作业时间差异大，作业手法不一，存在动作浪费；

5）因产品质量问题较多，返工率高，存在不良品浪费；

6）作业员自己取放物料，效率损失严重；

7）管理人员未对作业人员的效率进行管理；

8）从工位布置分析表（表5-3）可知，过程中有大量的二次搬运；

9）员工单独计件，记录方式耗时耗力；

10）无合理的生产计划，导致员工每天的生产目标不明确。

表 5-3　工位布置分析表

符号说明：	作业台 ⟶		作业员 ☺						时间单位：秒	
工序号	工 序 名 称	实测工时	参考工时	安排人数	节拍	工位	设备	工序流程	工位布置示意图	
1	**熨烫**							①		
2	查验（连比尺寸）	24.81	27.92	5人	5.50	☺		②		
3	制作挂牌	6.95	7.50	1人	7.55	☺		③		
4	装胶袋封口	10.22	11.47	2人	5.76	☺		④		
	合计	41.98	46.89	8人	18.81					
	参考工时合计	46.89								
	瓶颈工时	7.5								
	作业员数量	8人								
	产线平衡率	75%								
	小时产量PPH	60	PCS	小时收入		58.95		元		
	时产能	450	PCS							

4．改善方案（图5-30）

1）工作台由原3张查衫台+4张包装台=7张台，改为3张查衫台+2张包装台=5张台，节约了空间（约25×4.8=120（平方米））。

2）缩短了搬运的距离（每次4.8米以上）。

3）每条线生产流程一目了然。

4）员工的工作目标明确，负责指定组的货物。

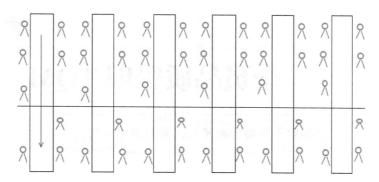

图 5-30　改善方案示意图（单件流）

5．改善效果

（1）单件流改善有形效果（表 5-4）

表 5-4　单件流改善有形效果

工序	员工人数	8—10 月小时工资/元		12 月 10—15 日	效率提升	
		三个月平均	最高月	平均小时工资/元	对比平均	对比最高
挂牌	4	16.87	22.23	24.56	45.6%	10.5%
包装	14	15.49	16.41	17.80	14.9%	8.5%

（2）无形效果

● 对公司实施车烫包一个流做了提前宣导、造势的作用。

● 作业现场不断流、台面无（呆滞的）货物堆集、视觉上较舒服。

● 节约了空间（120 平方米）。

第 6 章

全员品质管理 TQM

品质不是检验出来的，是制造出来的。

★★★★★ 6.1 全员质量管理与全面质量管理 ★★★★★

通常所说的 TQM 是指全面质量管理，即 Total Quality Management，是指一个组织以质量为中心，以全员参与为基础，以顾客满意、社会受益为目标，而建立起来的质量管理体系。全面质量管理，最早在 20 世纪 60 年代初，由美国的著名质量管理学家费根鲍姆提出，所以，费根鲍姆也被称为"全面质量管理之父"。

在五星班组中所说的全员质量管理，其英文与全面质量管理相同，核心思想和理念也源自于全面质量管理，但是它与通常意义的全面质量管理有以下几个方面的区别：

1）范围不同：全面质量管理的范围是整个企业，关注的是企业全价值链；五星班组全员质量管理的范围是以工厂为主的生产现场，关注的是过程品质。

2）对象不同：全面质量管理的对象是企业中的每一个人，五星班组全员质量管理的对象是工厂内的员工，尤其以班组的员工为主。

3）方法和工具不同：目前全面质量管理的方法和工具使用的还是早期全面质量管理的质量管理方法和工具，五星班组全员质量管理在此基础上，增加了许多来自丰田的过程品质管理的系列方法和工具，比如自工序完结、变化点管理等。

★★★★★　6.2　五星班组的过程品质管理　★★★★★

6.2.1　过程品质管理的核心是改变人

在现代企业中，品质管理"三不"（图 6-1）是人人皆知的理念。

品质管理"三不"
- 不接受不良品
- 不制造不良品
- 不流出不良品

图 6-1　品质管理"三不"

甚至很多企业的新员工培训第一课，就要讲品质管理的"三不"。大家把它当成质量意识传授，朗朗上口，对建立员工的基本质量管理理念确实也有帮助，但是，在企业的实际管理中要真正实现这"三不"，可不是一件容易的事。过程品质管理就是肩负着这个使命应运而生的。

过程品质管理的目标有两个：第一，建立一套能实现"三不"的现场品质管理体系；第二，在建立和应用这个体系的过程中改变人。

当然，无论标准的整备率，还是标准的遵守率，都与人有关。所以，归根结底，过程品质管理的核心是改变人。

6.2.2　过程品质管理的内涵

过程品质管理是如何实现品质管理的"三不"的？

过程品质管理的原理如图 6-2 所示，目的是使异常目视化，消除不良品流出的同时，立即追究不良品发生的根因，杜绝再次发生。

先建立产品的良品条件。这个良品条件，就是异常报警的标准。当不符合良品条件的场景发生时，就会出现安灯报警，防止不良品流入下一工序。同时，快速反应团队立即到现场，查找原因并消除异常。这样就做到了"不制造不良品和不流出不良品"，也叫"自工序完结"。如果每个工序都做到了这"二不"，那么就不存在"接受不良品"的现象，也就实现了"三不"。

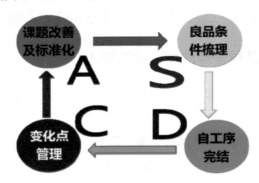

图 6-2　过程品质管理的原理

这是在所有条件都正常的状态下的管理。当 4M1E 的条件发生变化时，需要识别出变化点，将之目视化，并同时对变化点按照预案实施管理，防止因为变化点带来损失，这就是变化点管理。

无论是变化点预案效果不佳，还是无法实现自工序完结，都要对场景进行课题改善，并把改善对策标准化到良品条件或者变化点预案中，形成新的标准。

★★★★★　6.3　自工序完结　★★★★★

6.3.1　自工序完结的起源

想要弄清楚自工序完结的起源，首先要了解丰田佐吉提出的"自働化"的演进（图 6-3）。

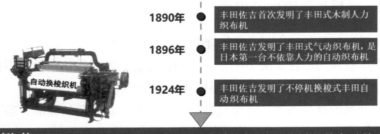

1890年	丰田佐吉首次发明了丰田式木制人力织布机
1896年	丰田佐吉发明了丰田式气动织布机，是日本第一台不依靠人力的自动织布机
1924年	丰田佐吉发明了不停机换梭式丰田自动织布机

自働化：当产品出现不良时，设备或系统能够及时判断并自动停止

图 6-3　"自働化"的演进

"自働化"的目的，是为了"不制造不良品，同时不流出不良品"，也叫品质内置，其实就是自工序完结的核心思想（图 6-4）。

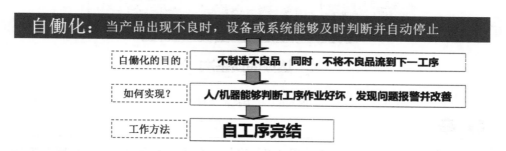

图 6-4　自工序完结的核心思想

简单整理一下自工序完结的定义：把丰田生产方式的"自働化"的观点，充分展开到制造现场，渗透到每一个作业者心中，进一步提高产品品质，达到"不制造不良品，不流出不良品"的目的，这样的质量管理方式称为自工序完结。

6.3.2　如何实现自工序完结

构建自工序完结的过程品质管理方式，包含两个阶段（图 6-5）：完善良品条件和彻底遵守良品条件。第一个阶段的主体是管理者和工程师，第二个阶段的主体是现场班组长和作业员。最终，应实现全员参与的自工序完结。

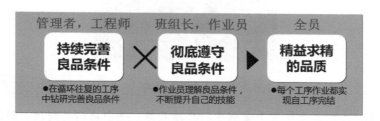

图 6-5　自工序完结的两个阶段

良品条件是指为了制造良品在制造过程中所必须遵守的品质基准，包括所需要确保的品质特性及规格、用于管理半成品或成品的准则等。良品条件包括三类：设计要件、生技要件、制造要件。为了达成品质基准，应该在循环往复的工序生产过程中，不断地识别和整备这三类良品条件（图 6-6）。

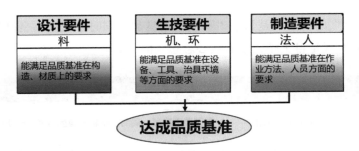

图 6-6　三类良品条件

　　我们用生活中酒店门锁（图 6-7）这样一个通俗易懂的案例，说明自工序完结的具体实施步骤。有一次，我们的一个咨询顾问住在某酒店的 632 房间，他记得出门时使劲拉了一下门，回来时，还是发现门没关紧，还好，没有任何财产和信息安全方面的损失。请问，酒店如何防止类似的事情发生？

图 6-7　酒店门锁

　　首先，我们来分析这个案例中的品质基准：进出后门关到位；判定作业好坏的基准是当未关到位时门会发出"滴滴"持续报警声音，这样每次关门后都很有信心确认门已经关到位。

　　设计要件：设计门能够发出报警声音的构造。

　　生技要件：报警系统线路、电路运行正常（如：门未锁定超过 2 秒就报警）。

　　制造要件：每次关门后，听到"滴滴"的报警声，为异常；反之，正常。

这样，每一位客人，都能够自己判定工作成果的好坏（门是否关紧），实现了客人没关紧门就会及时发现的防错，也就是实现了关门这个作业的自工序完结。

通过这个案例，我们可以学习到：

1）思考如何为达成品质基准，识别和整备良品条件。

2）把梳理和整备出来的良品条件分别修改放到设计要件、生技要件和制造要件中去。

3）好的良品条件，最终要使作业员易于遵守。

4）自工序完结并不难、并不高深莫测，自工序完结的理念无处不在，无论工作与生活中都可共享与借鉴。

第一次系统推进自工序完结的企业，良品条件的识别和整备是一项艰巨的工作。首先，要应用良品条件识别和整备表（表 6-1），识别和整备工厂所有作业的良品条件。其次，在全企业推行并确保员工遵守这些良品条件。

表 6-1　良品条件识别和整备表

序号	作业内容	品质基准	良品条件		
			设计要件 （材料、结构）	生技要件 （设备、模具、检具等）	制造要件 （方法、人员）

6.3.3　评价一个企业自工序完结实施的效果

可以应用"自工序完结度"（图 6-8）来对企业自工序完结实施效果进行评价，从而用量化的方式评估企业的自工序完结开展情况。

自工序完结是一个完整的过程品质管理系统，在全球范围内目前导入自工序完结的企业并不多，期待有越来越多的企业，能步入自工序完结度 90%以上的行列。

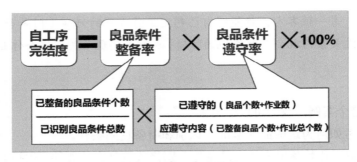

图 6-8 自工序完结度

良品条件的遵守率跟班组息息相关，所以在五星班组建设中，对班组层面要关注良品条件的遵守率，对工厂层面要关注的是自工序完结度。

6.4 变化点管理

6.4.1 从案例引出变化点管理

某集团东北区 B 客户 H3 型产品订单骤增，以前由华东区工厂稳定供应，合格率为 97.6%；由于月产量增加了 4 倍多，出于客户交付要求和物流等方面考虑，迅速将设备和模具吊装到东北区工厂生产。三个月过去了，合格率最高也不过 84%，为什么？

这是一个典型的变化点管理的案例，在企业实际生产过程中，经常会发生。客户订单供不应求，本来是可以赚大钱的机会，但是由于企业变化点管理水平较低，不仅没赚到钱，反而导致了客户的严重不满，丧失了订单和大好的合作前途。

80%的问题不是变化点导致的，而是变化点管理不当造成的！

变化点是指与制造良品相关的因素 5M1E（人、机、物、法、测、环）发生了变化。

通过在变化点发生前和发生时采取适当的应对预案，减小甚至消除变化点对于品质造成的影响，做到对不良防患于未然，这就是变化点管理。如图 6-9 所示为两类变化点。

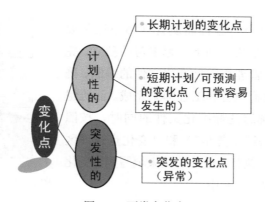

图 6-9 两类变化点

6.4.2 变化点梳理

我们应用 6.4.1 中的案例,按照 5M1E 对集团 H3 型产品转产的变化点进行梳理,变化点梳理表见表 6-2。

表 6-2 变化点梳理表

计划性的变化点		突发性的变化点
人	1. ……	
机	2. ……	
料		
法		
环		
测		

计划性的变化:从华东区工厂到东北区工厂,首先发生较大的变化有:人和环。其次,设备和模具是从华东区工厂调装过去的,变化主要在安装调试和使用方面。第三,确认两家工厂在“料、法和测”方面是否有变化,同时要特别关注产量增加了 4 倍后,节拍、工艺参数是否发生了变化。

突发性的变化:员工的离职率等导致的员工调岗、压力表损坏、炉子的真空度不足、突然停电等。

6.4.3 变化点管理实施步骤

变化点管理实施步骤(图 6-10):从编制、确定和制作三个方面有序展开。

变化点管理是公司过程品质管理体系很重要的一部分，也是一个从上到下一起参与的独立、完整的模块。变化点管理相关标准化文件的编制、确定和制作，主要由管理者和工程师来完成。而班组长和员工要在理解这些标准化文件的同时，按照"变化点管理基准书"（表6-3）和"变化点管理区域地图"（图6-11）执行，最终的结果填写到"变化点管理记录表"（表6-4）中。

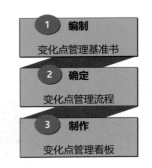

图6-10　变化点管理实施步骤

表6-3　变化点管理基准书（部分）

车间：

类别	序号	变化点对象	管理项目	实施对象	控制措施	
					过程确认	品质确认
人	1	新员工	1）安全培训 2）工艺、质量、设备实际操作技能培训 3）操作评价	车间主任/技术员		首/中/末检各3片，合格
	2	替岗	1）替岗人员岗位资质 2）替岗人员操作评价	技术员/班长		首检3片，合格
机	3	切割机维修	1）切割尺寸 2）切割质量 3）设备参数	班长/主控		首检3片，合格
		磨边机维修	1）磨边尺寸 2）磨边质量 3）设备参数	班长/主控		首检3片，合格
		印刷机维修	1）印刷机运行 2）印刷质量 3）设备参数	班长/印刷		首检3片，合格
	4	设备维修	1）设备运行状况 2）设备参数符合性	班长/主控		首/中/末检各3片，合格
	5	停机重启（厂休）	1）设备运行状况 2）设备参数符合性	班长/主控		首检3片，合格
	6	工装/模具	1）新工装/模具 2）工装/模具维修	班长/主控		首/中/末检各3片，合格

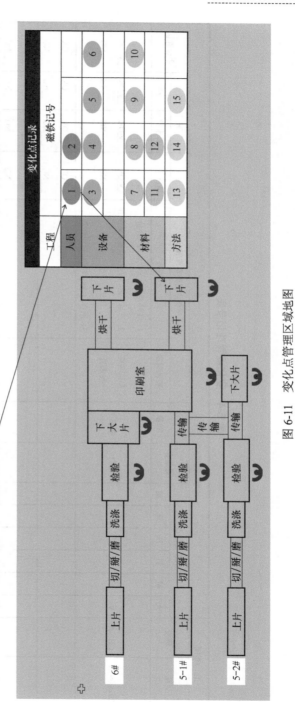

图 6-11 变化点管理区域地图

表6-4 变化点管理记录表

工厂/车间									变化点		变化点措施实施确认			班长主控			主管确认
日期	班组	5M1E变化点						记录者	对象	实施对象	措施	措施确认	首末检	点检			
		人	机	料	法	环	测										
2018.09.01	CH3-A	√						刘*	新员工	车间主任/技术员	1. 工序及产品安全间询与评价 2. 产品工艺、质量、设备实际操作观察、确认与评价 3. 所有问题的现场培训和处理	√ OK — NG	√ OK — NG	√ OK — NG		√ OK — NG
												— OK — NG	— OK — NG	— OK — NG		— OK — NG
												— OK — NG	— OK — NG	— OK — NG		— OK — NG
												— OK — NG	— OK — NG	— OK — NG		— OK — NG
												— OK — NG	— OK — NG	— OK — NG		— OK — NG

如果一个变化点管理效果不理想，就需要修改"变化点管理基准书"，进入一个 SDCA 的标准改善循环。

6.5.1　防错的十二大原理

作业中的过错很难通过个人努力或管理机制来消除，需要从设计、生技和制造三大要件来彻底消除过错产生的根因，确保操作不出错，这种方法叫作防错，其英文为 Poka-Yoke，或者 Fool proofing。防错法是由日本管理大师新乡重夫最早提出的，他在《零缺陷控制》一书中精辟地提出了三大防错设计方法：特性确认法、计数法和关联法。

防错是丰田生产方式的自働化这个支柱中的有效方法，是提高品质和效率、解放员工的利器。在五星班组推进过程中，我们在经典的防错十大原理的基础上，基于 TRIZ 创新四十原则，增加了两个原理，成为防错十二大原理（图 6-12）。

图 6-12　防错十二大原理

首先通过生活中常见的例子，来一起轻松理解防错十二大原理的应用，如图 6-13 和图 6-14 所示。

1.断根原理：将造成错误的原因从根本上排除掉

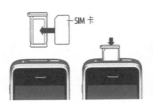

2.保险原理：两个以上的动作必须共同或依序执行才能完成

3.自动原理：以各种原理限制某些动作的执行或不执行

4.相符原理：借用检核是否相符合的动作

5.顺序原理：依编号顺序排列，减少或避免错误的发生

6.隔离原理：通过隔离防止问题发生，亦称保护原理

7.复制原理：同一件工作做两次以上，用"复制"

8.层别原理：避免将不同的工作做错，而设法加以区分出来

9.警告原理：不正常的现象，能以声光或其他方式警告

10.缓和原理：以借各种方法来减少错误发生后所造成的损害

11.简化原理：通过简易装置和工具降低工作的难度和成本

12.导向原理：通过导向机构让作业更轻松方便

图6-13　防错十二大原理的应用

6.5.2　班组实施防错"五步攻略"

在工作中遇到品质问题后，如何应用防错十二大原理？应该带领班组导入班组实施防错的"五步攻略"（图6-14）。

图 6-14　班组实施防错的五步攻略

STEP1：描述缺陷

指派班组成员跟踪缺陷/问题，详细识别和描述缺陷/问题。

STEP2：寻找根因

进行 5WHY 或者鱼骨图等方法确定根本原因，这是应用防错技术的关键。

STEP3：识别机会

评估现有流程，发现差异，识别改善的机会。

STEP4：设计装置

应用防错十二大原理，确定有效消除缺陷的防错装置。

STEP5：验证效果

创建装置并测试，修改装置直到对防止缺陷有效。

在五星班组推进过程中，通过应用"防错十二大原理"和防错实施"五步攻略"，逐步制定工厂常见场景的防错工具集（表 6-5）。

表 6-5　常见场景的防错工具集

名称	工具编号	图解/视频	功能	实施方法	注意事项	工具制作					实施部署
						所需物品	单位	数量	单价	合计	

第 7 章

全员成本管理 TCM

拧干毛巾里的最后一滴水！

★★★★★ 7.1 五星班组的生产过程成本管理 ★★★★★

7.1.1 节约成本，从我做起，从点滴做起

任何企业都是由各级组织和人员组成的。在企业生产和日常管理中，如何节约成本、提高利润，不仅是管理者、领导层的事情，也应是每一位员工在心中时刻牢记的事情。在员工心中构建起成本意识、利润思想，引导其从自身出发、从身边点滴做起，识别浪费、消除浪费、节约资源、配合协作，发挥员工的智慧，精益求精，从而使员工身边的成本最低。如果每一位员工都秉承这样的思想，并且坚持不懈地行动，企业的成本将会越来越低，企业利润最大化的同时，员工将会获得更高的收入、更好的成长，实现企业与员工的双赢。

全员成本管理（Total Cost Management，TCM），与五星班组的全员质量管理一样，五星班组的全员成本管理也主要侧重于生产过程的成本管理。

生产过程成本管理，是指在生产过程中对生产消耗进行监督和控制，使其不超过计划和定额，以便不超过总的目标成本，使企业经营能够盈利。它主要包括与班组管理密切相关的材料成本管理、能源成本管理、人员成本管理、设备保全成本管理、质量损失成本管理和消耗品成本管理等。下面针对前四项进行依次介绍，要了解更详细的内容，读者可以参加五星班组相关的训练营和咨询辅导项目。

7.1.2 成本改善四步曲

成本改善四步曲（图 7-1）：清现状（Current-situation），抓重点（Top-factors），

定目标（Target），寻对策（Countermeasure）。这四步曲的中文缩写为"清抓定寻"，由现状、重点、目标和对策的英文单词第一个字母构成的 CTTC 为其英文缩写。

图 7-1　成本改善四步曲

1．第一步曲——清现状 C：准确掌握目前真实的现状

要准确掌握现状，丰田问题解决法（Toyota Business Practices，TBP）中所有关于界定问题、陈述问题的方法和工具都可以采用。比如"大野耐一圈""流程穿越""动线图"等方法和工具，都是这个阶段的利器。

清现状时要有时间观念，不同的项目清现状的时间周期不同，总之，确保清出来的现状是一个稳定的水平，而不是假象。

2．第二步曲——抓重点 T：重点管理的对象是哪些？

比如，材料成本管理中，重点管理的材料是哪些？人员成本管理中，重点关注的人员成本是哪个人群。既然要区分重点管理对象，可想而知，能使用的管理工具以层别法、柏拉图等为主。

3．第三步曲——定目标 T：确定改善目标

目标首先要符合 SMART 原则。

其次，目标从哪里来？它可以是本区域正常状态的水平，可以是部门目标，可以是企业战略目标，也可以是集团最好水平，还可以是行业标杆。确定目标主要采用对比法，可以分为标杆对比法、目标对比法、常态对比法，乃至过去对比法等。

现状搞清了，目标也有了，差距就水落石出了，然后就只需要用柱状图、折线图等合适的统计学工具把差距展示出来就可以了。

4. 第四步曲——寻对策 C：寻找改善对策和措施

在寻找对策时，丰田生产系统中从"三大地基"到"两大支柱"关联的所有方法和工具都可以采用。当然，对于班组层面来说，能采用的工具主要局限在精益蓝带和精益黄带范畴，更复杂的问题需要在五星班组的三星以上阶段，与职能部门链接融合后，共同树立精益绿带和精益黑带项目来推动。

这个四步曲适用于改善材料成本、能源成本、人员成本等所有的成本改善。

★ ★ ★ ★ ★　　　**7.2　材料成本管理，重中之重**　　　★ ★ ★ ★ ★

材料成本在产品总成本中占比一般超过 50%，有些企业甚至高达 70%以上，是管理的重中之重。要想管理好生产过程成本，首先应从材料成本管理入手。

7.2.1　材料成本的分类

材料种类较少的企业，将材料分为原材料和辅助材料（表 7-1）两大类即可。

表 7-1　原材料和辅助材料

类别	定义
原材料	简称原料，是指形成产品主体的材料。如汽车整车的原料包含钢板、漆料、车身胶等
辅助材料	简称辅料，是指帮助、促进产品形成的材料，不包含在产品主体中。如劳保用品、料架料盒、刀具磨具、包装材料等

注：材料是原材料还是辅助辅料，在不同的厂家是不同的，如手套，对于使用手套的厂家来说是辅助辅料，但对于生产手套的厂家来说，手套是它们的产品，编制手套的纱线是它们的原材料。

材料种类较多的企业，可结合企业自身特点将材料分为多个类别，比如，可分为 ABCDEF 六类材料，见表 7-2。

表 7-2　ABCDEF 六类材料

类别	定义
A 类材料	指构成产品主体的主要原材料（如玻璃原片、PVB）
B 类材料	指除主要原材料外，产品总成上包含的各种物料（如油墨、银浆、夹丝线、各种附件、黏结胶、底涂料、包边原材料等）及对产品成本有较大影响的物料（如模布）
C 类材料	指生产工序上使用的工具（如钻头、砂轮、铣刀等）、辅助材料（如硅粉，切削液，橡胶圈等）、工装材料（如丝绢、树脂等）、包装材料（如内包装材料、钉箱材料、打包材料等）、测量工具（如钢直尺、千分尺等）及其他常用工具

（续）

类别	定义
D 类材料	包含零星采购物料、钢材、劳保用品、化工材料、清洁用品和不用于产品上的包装材料等
E 类材料	指报表、纸张、办公用具等各类办公用品
F 类材料	指生产设备、公共工程、运输工具、附件安装工装、检测工装等使用的备品备件

相应地，材料成本按材料的种类进行分类。

7.2.2 材料成本日常管理要点

材料成本日常管理主要应把握三大要诀：

1）要诀一制定单耗：制定单位产品的材料消耗标准，一般由工艺部门主导、工厂协助制定，从原材料开始，逐步制定各类各型号材料单耗。

2）要诀二控制领料：应根据产品产量、单耗，对领料进行限额控制，并务必填写领料单、建立领料台账，可以出台相应的领料管理办法。

3）要诀三管理存用：管理存料和用料，材料应按 3S 管理，遵循先进先出（FIFO）原则，储存环境符合工艺要求；制定用料考核相关管理办法，定期核算材料实际消耗与定额消耗的差异，分析并找到根本原因，制定相应改善措施。

7.2.3 材料成本改善

按照四步曲的方法改善单位产品的材料成本，既可以组织班组的主题改善活动，也可以参与工艺、质保等相关职能部门组织的精益绿带和黑带改善项目，在原有材料的基础上降低单耗，也可以替换为更经济的材料，改善后重新制定单耗标准或确定替换材料。

1. 第一步曲——清现状 C

材料成本改善清现状，首先要去现场，应用大野耐一圈或者流程穿越等方法，查现物，准确掌握现实，可以通过抽盘和全盘相结合的方式，用查检表把原始数据记录下来。"三现：大野耐一圈+流程穿越"等方法，不但可用于丰田定义的七大浪费的识别，也适用于可变成本浪费的识别，包括材料浪费、能源浪费、人员浪费、设备保全浪费等。应用这些方法，会发现原材料切割后的边料可以优化、易耗品还没到报废标准就报废、自己有能力开发且开发成本更低的材料等情况，从而为后续抓重点和寻对策铺垫好基础。同时，可登录企业的

ERP 和 MES 系统确认，把相关数据收集起来。

2．第二步曲——抓重点 T

（1）重点管理的材料是什么？

一个工厂使用的所有材料有成百上千种，如何从这么多种的材料中抓住重点，需要借助一定的方法，关键是用数据说话，一般采用"层别+柏拉图"结合的方法进行分析。

（2）层别与层别维度

- 按材料分类层别，这里所说的材料分类，可以在前文材料分类的基础上逐层细分，如 B 类材料又可以细分为油墨、银浆、附件、注塑材料等类别，而其中的附件又可以进一步细分为底座、支架、钉柱、包边条等类别。
- 按组织层别，如按工厂、按车间、按班组层别。
- 按客户层别，如按丰田、大众、通用、宝马、长城等客户层别。
- 按产品层别，如前风窗玻璃、后风窗玻璃、天窗玻璃等，前风窗玻璃又可以进一步细分到具体的型号。
- 综合层别，通常在实际改善时，需要综合以上几个维度共同层别，如包边车间将 B 类材料按黏结材料、附件、注塑材料层别。

层别到所需要的程度后，分别统计过往一段时间的材料金额，比如半年、一年，使用柏拉图按 80/20 法则找到对应组织层面需重点管理的材料。

3．第三步——定目标 T

（1）标杆对比法

针对重点管理的材料，对比标杆的单位成本，参照标杆确定目标。标杆主要有以下三类来源：

1）同行业不同公司对比，确定标杆；

2）同集团内部对比（表 7-3），对比集团内部各分公司、公司内部各工厂、工厂内部个车间、车间内各班组，确定标杆；

3）同一组织的现在与过去对比，确定标杆。

然后计算现状与标杆之间的差距，找到改善空间。

（2）目标对比法

根据总目标成本分解到各成本模块、各组织层面的子成本目标，计算实际成本与目标成本之间的差距，找到改善空间。

表7-3 标杆对比法——内部标杆对比表

费用类型	单位成本		集团	A分公司	B分公司	C分公司	D分公司	E分公司	F分公司	标杆公司
PVB	轿车普通膜	元/月								
PVB	轿车隔音膜	元/月								
银浆	评价单价	元/公斤								
银浆	DB4	元/月								
夹层油墨	平均单价	元/公斤								
钢化油墨	平均单价	元/公斤								
……	……	……								

4．第四步曲——寻对策 C

在材料成本改善的对策制定时，可以结合 ECRS 改善原则来进行。

（1）E 取消

需要对产品及市场进行综合分析，部分的包装方式是否过于宽裕，在不影响客户交付质量的前提下，能不能减少包装或者取消包装，以降低成本费用。

（2）C 合并

如果作业或动作不能取消，则考虑能否可与其他作业合并，或部分动作或作业合并到其他可合并的动作或作业中。

（3）R 重排（拆分）

在作业过程中，能不能考虑对材料进行拆分，以减少成本费用；也可以对原材料切割后的边角料进行优化后再次使用，提高利用率，降低使用成本。

（4）S 简化（替换）

综合考虑质量和使用数量，使配件国产化，或质量较差配件替换成使用周期较长的配件，但都需要考虑综合成本。

阀门的密封材料。

改善前：染缸阀门使用 A 密封材料（图7-2）进行密封，效果不好，平均每年需要更换 800 个 A 材料密封，每个 4 元，合计 3200 元/年。

改善后：垫片替换成 B 密封材料（图7-3），稳定性好，三年左右更换 1 次即可，节约了成本。

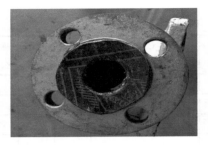
图 7-2　改善前-A 密封材料

图 7-3　改善后-B 密封材料

★★★★★ 7.3　能源成本管理，投入少、收益大 ★★★★★

生产现场能源管理，主要包括对水、电、气、油、煤等能源的管理，一方面为设备设施提供动力，另一方面为生产加工提供能源。

7.3.1　能源成本日常管理要点

能源成本日常管理有以下三大要诀：

1）要诀一制定标准：制定各类能源成本的标准，比如班组水、电、气等的消耗标准。通过制度化的管理方式来减少班组的各项能耗，比如水、电、气的规范使用等，如制定"工厂用电管理规定"。

2）要诀二分表到组：安装电能表、水表和气表等，能到班组的尽可能到班组，表到不了班组的，也要制定实际消耗的分摊准则，责任到班组。

3）要诀三管控消耗：收集和管控各类能源每月的实际消耗，让每一个班组做到心知肚明。

7.3.2　能源成本改善

改善单位产品的能源成本，既可以组织班组的主题改善活动，也可以参与工艺、质保等相关职能部门组织的精益绿带和黑带改善项目。

1. 第一步曲——清现状 C

能源成本改善清现状，同样采用"三现：大野耐一圈+流程穿越+查检表"等方法。首先要去现场，应用大野耐一圈或者流程穿越等方法，查现物，准确掌握现实，用查检表把原始数据记录下来，例如发现开炉过早、照明灯没及时关闭等。针对设备跑、冒、滴、漏等异常，查漏补缺，在清现状的同时，进行快赢（Quick Fix）的改善。

2. 第二步曲——抓重点T

基于三现的基础上，用数据说话，整理清楚所有班组能源消耗的数据，然后识别出应重点管理的能源及使用区域，一般也采用"层别+柏拉图"结合的方法进行分析。

先层别，层别维度如下。

- 按能源分类层别，如水、电、气、油、煤等。
- 按组织层别，如按工厂、按车间、按班组层别。
- 按设备/产线/设施层别，如通用设备、专用设备、特殊设备、公用设备等。
- 综合层别，通常在实际改善时，需要综合以上几个维度共同层别，如××厂用电按产线及设施层别。

层别到所需要的程度后，分别统计过往一段时间的能源金额，比如半年、一年，使用柏拉图按80/20原则找到对应组织层面需重点管理的能源。

3. 第三步曲——定目标T

（1）标杆对比法

针对重点管理的能源，对比标杆的单位能耗，制定目标。标杆主要有以下三类来源：

1）同行业不同公司对比，确定标杆；

2）同集团内部对比，对比集团内部各子公司、公司内部各工厂、工厂内部个车间、车间内各班组，确定标杆；

3）同一组织的现在与过去对比，确定标杆。

（2）目标对比法

根据总目标成本分解到各成本模块、各组织层面的子成本目标，计算实际成本与目标成本之间的差距，找到改善空间。参见图7-4的电耗趋势图。

4. 第四步曲——寻对策C

在能源成本改善的对策制定时，同样结合ECRS改善原则来进行。

（1）取消E

如：取消洗涤机外部水箱加热，降低电耗；将定位气缸的动作改为定位导向轮的导引。

（2）合并 C（增加保护功能，减少消耗）

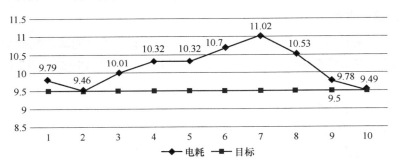

图 7-4 ××厂电耗趋势图

蒸汽管阀门热能浪费未关注，可以增加蒸汽管阀门保温套来降低能耗。

改善前：原有的阀门无保温套（图 7-5），蒸汽热能有点浪费。

改善后：阀门定做增加了保温套（图 7-6），减小蒸汽热能浪费。

图 7-5 蒸汽阀门-改善前（无保温套）　　图 7-6 蒸汽阀门-改善后（增加保温套）

（3）重排 R

1）错峰生产。企业可根据当地政府用电要求调整自身生产节奏和时间，合理利用峰谷电价差别进行生产，减少电费支出。

2）提高利用率。很多企业能源消耗特别巨大，生产过程中往往会产生大量的热能、蒸汽能等，可以通过预热发电方式提高能源的利用率。比如，换型前对压铸模具进行预热。

（4）简化S（替换）

水位磁控开关+液位继电器。

改善前：水的用量增大，磁控开关额定功率不够，稳定性不高，进水时无法控制，水经常溢出，造成水资源浪费。

改善后：磁控开关与液位继电器配套使用，稳定性提高，水不会溢出。

★★★★★ 7.4　人员成本管理，绝非裁员 ★★★★★

很多企业把人员成本管理简单地理解为裁员减人，不仅逻辑混乱，说法难听，而且对员工的心理伤害大，对组织建设有百害而无一利，必须修正过来。

7.4.1　人员成本日常管理要点

人员成本管理有以下三大要诀：

1）要诀一定编配人：制定各岗位人员编制，按需配人；

2）要诀二效率到人：制定班组人均劳动效率标准；

3）要诀三成果惠人：收集劳动效率结果，对照劳动效率标准，自查自纠，日清日结，问题共担，成果共享，营造效率提升、人人有责的氛围。

7.4.2　人员成本改善

改善劳动效率、改善人员成本，既可以组织班组主题改善活动，也可以参与工艺、工程、质量等相关职能部门组织的精益绿带和黑带项目。

1．第一步曲——清现状C

"三现：大野耐一圈+流程穿越+查检表"等方法同样适合人员成本改善清现状。首先要去现场，采用大野耐一圈或者流程穿越等方法，查看现场的七大浪费，尤其是动作的浪费、搬运的浪费、多余工序的浪费、缺陷的浪费与人员成本是直接相关的，用查检表把原始数据记录下来，准确掌握现实。同时，也可以发现产线上不同岗位的忙闲程度。

除此之外，对于技术员、培训员等职能工作的员工，可以采用"时间陷阱"

工具对时间的利用情况进行分析，发现偷走我们的"小偷"，对"时间去哪儿了"心知肚明。时间陷阱分析表见表7-4。

表7-4 时间陷阱分析表

观察：周工作时间		小时	(%)			
毛工作时间		40.7	100%			

有以下损失：

损失原因	描　　述	小时	(%)	排名	Min	Max
寻找	寻找文件、文档、所有其他类型的信息	1.5	3.7%	4	0.0	10.0
等待	等待IT程序、同事、授权批准、签名等	1.5	3.7%	5	0.0	12.0
打扰而中断	实际工作被打断	2.5	6.2%	1	0.0	11.0
赶工	丢失信息，拥有信息的同事联系不上	1.8	4.5%	3	0.0	15.0
参加会议	无效的、非必需且长时间没有结果的会议	2.0	5.0%	2	0.0	8.0
分类整理	过多的数据、信息、邮件、垃圾邮件等	1.2	2.9%	8	0.0	13.0
澄清说明	不合适的授权，不清晰的或者让人费解的任务	1.4	3.5%	6	0.0	10.0
纠正错误	错误的、不完整的输入/录入	1.4	3.4%	7	0.0	12.0
跟进	复杂的、多余的、繁文缛节的流程	1.2	2.8%	9	0.0	10.0
移动	从复印件、传真机、打印机等移动纸张	0.9	2.3%	10	0.0	5.0

时间损失合计		15.4	38%
实际的有效的工作时间			
净工作时间		25.3	62%

2．第二步曲——抓重点T

重点管理的人员有哪些？应该说所有人员都是重点，应按岗位编制逐个岗位梳理。但是，每个阶段都有其需要重点关注的特定区域和岗位。

3．第三步曲——定目标T

（1）标杆对比法

对比标杆的劳动效率，标杆主要有以下三类来源：

1）同行业不同公司对比，确定标杆；

2）同集团内部对比，对比集团内部各子公司、公司内部各工厂、工厂内部个车间、车间内各班组，确定标杆；

3）同一组织的现在与过去对比，确定标杆。

（2）目标对比法

根据总目标成本分解到各成本模块、各组织层面的子成本目标，计算实际成本与目标成本之间的差距。

4．第四步曲——寻对策C

在人员成本改善的对策制定时，主要也是应用 ECRS 改善原则来进行，下面用一个综合案例进行说明。

TJ 安装线人员优化改善。

改善前：8人，无法在 10 秒的 TT 内完成作业，TJ 工序布局图如图 7-7 所示，山积表如图 7-8 所示。

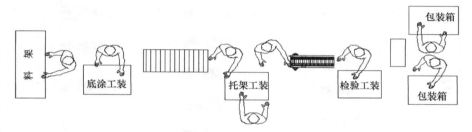

图 7-7　TJ 工序布局图

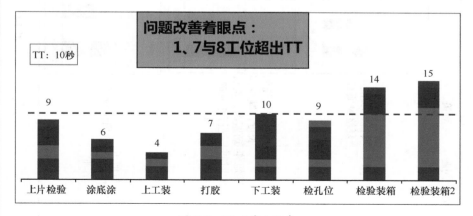

图 7-8　TJ 工序山积表

改善中：分三阶段逐步进行，过程中充分运用 ECRS 原则进行工位的改善。TJ 工序改善的三阶段改善山积表如图 7-9 所示。

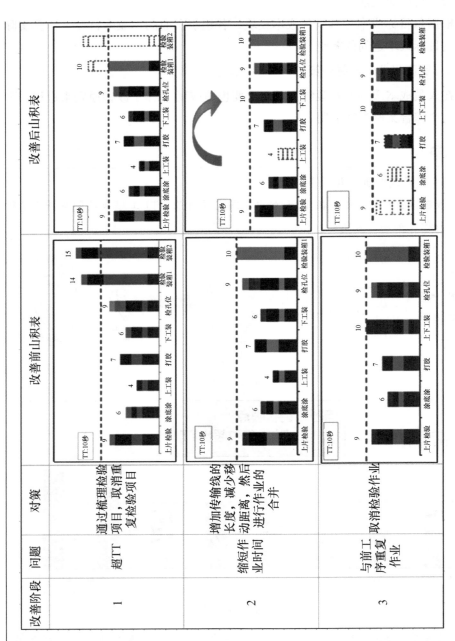

图 7-9 TJ 工序改善的三阶段改善山积表

改善阶段	问题	对策	改善前山积表	改善后山积表
1	超TT	通过梳理检验项目，取消重复检验项目		
2	缩短作业时间	增加传输线的长度，减少移动距离，然后进行作业的合并		
3	与前工序重复作业	取消检验作业		

改善后：4人，在10秒的TT内完成作业，TJ工序改善后布局图如图7-10所示，山积表如图7-11所示。

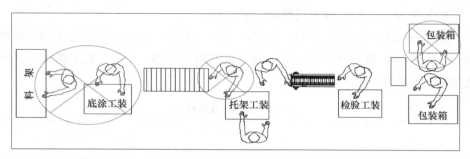

图7-10　TJ工序改善后布局图（8人减为4人）

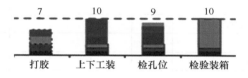

图7-11　TJ工序改善后山积表

★★★★★　7.5　设备保全成本管理的武功绝学　★★★★★

设备保全是指设备保养和设备维修的结合，设备保全对设备寿命周期影响很大。

设备保全得好，即使设备超过预定使用年限，仍可继续正常使用，此时生产成本中的设备折旧费为0，相当于只要投入维护成本，就可以免费使用设备，生产成本大大降低；反之，设备保全得不好，设备还没达到预定使用年限，就已经跑不动了、效率低下，不仅要投入更多的维护成本，而且因设备效率降低甚至设备提前报废，将导致生产成本大大增加。

如何维护好设备，投入科学的设备保全成本，是多门武功融会贯通的绝学。设备保全具有周期相对长、见效相对慢的特点，但是持续开展下去，收益巨大。

设备保全成本包括显性成本和隐性成本，相应地设备保全成本管理有两大要诀。

（1）要诀一：显性降本常态化

显性成本是指直接费用的支出，包括备品备件、润滑油等物料消耗以及外包费用，这也是大多数企业管理的设备保全成本。对显性成本，每年按照设备资产的比值，设备保全成本管理要求其占比逐年硬性递减。

（2）要诀二：隐性成本显性化（表 7-5）

隐性成本往往容易被忽视，包括维护的人工费、备品备件库存占用资金的利息和保管费、设备故障导致非计划停机的损失费等。对隐性成本的管理，首先要将其显性化。

表 7-5　隐性成本显性化

费用类型	集团	A分公司	B分公司	C分公司	D分公司	E分公司	F分公司	G分公司
单位维修费用/（元/月）								
叉车修理费用/（元/月）								
非生产固定资产修理费/（元/月）								
工装修理费/（元/月）								
日常维修保养费/（元/月）								
设备大修费用/（元/月）								

备品备件库存过高将导致企业资金、空间被大量占用，库存不足将导致设备没有及时维护进而导致设备故障，而设备故障将直接导致生产线的人工、能源、设备折旧费等的白白浪费，所以控制备品备件库存和减少设备故障等显得尤为重要，这些都有赖于企业强有力地推进 TPM（见第 8 章），即通过系统工程来实现综合改善。

总之，设备保全成本管理必须通过多方面的有机结合，让设备可利用率与设备保全资源之间达到最佳的平衡。通过设备保全成本的综合分析，不断提高设备保全资源利用率，提高管理水平、降低设备保全成本。

 案例

操作屏幕保护，减少配件费用。

改善前：工控 PC 机的屏幕没有防护装置（图 7-12），由于空间有限，操作过程中员工搬运产品的时候，会碰到屏幕造成屏幕显示问题，寄回门店维修费要 500 多元，1 年维修次数 6 次，费用 3000 元。

改善后：将操作屏幕增加高强度树脂保护罩（图 7-13），防止屏幕损坏，节约成本，降低零配件费用，2019 年无屏幕维修记录。

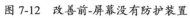

图7-12 改善前-屏幕没有防护装置

图7-13 改善后-高强度树脂保护罩

第 8 章

全员生产维护 TPM

没有TPM，就没有设备效率！

★★★★★ 8.1 TPM 与设备七大损耗 ★★★★★

TPM（Total Productive Maintenance）即全员生产维护。TPM 一词已经诞生近半个世纪了，相信很多人都并不陌生，但如何推行 TPM，尤其是如何将其应用于五星班组的打造仍然是个谜，本章将为您揭开谜底。

1970 年，日本丰田电装株式会社在全面推行精益生产时，首次采用了 TPM，实施一年后，生产效率取得了极大的提升，设备故障率、不良率显著降低，尤其是设备故障率降低到 1%，获得了日本 JIPM 协会（日本工业预防保养协会）PM 优秀奖。

JIPM 协会对 TPM 的解说如下：

- 追求生产系统效率极限为企业的目标；
- 以设备的一生为对象，以现场现物为基础，建立预防管理的系统（防患于未然的完整方案）；
- 以设备部门为起点，从生产部门扩大到开发、营业、管理等所有的部门；
- 从总经理到一线员工全员参与的活动；
- 通过重复性学习型小组来实施。

TPM 的发展经过了六个阶段（图 8-1）：事后维护（BM）、预防维护（PM）、改良维护（CM）、维护预防（MP）、生产性维护（PM）和全员生产维护（TPM）。

随着时代的发展，TPM 被赋予了更多头衔，如全面生产经营、全面理想生产、全面工厂创新管理、全面盈利经营等。TPM 内容的不断丰富以及其概念的演进更进一步地说明了 TPM 对于企业发展的重要性。但是，在五星班组的建设过程中，我们还是期望将其回归到日本人改造 PM 时的含义。

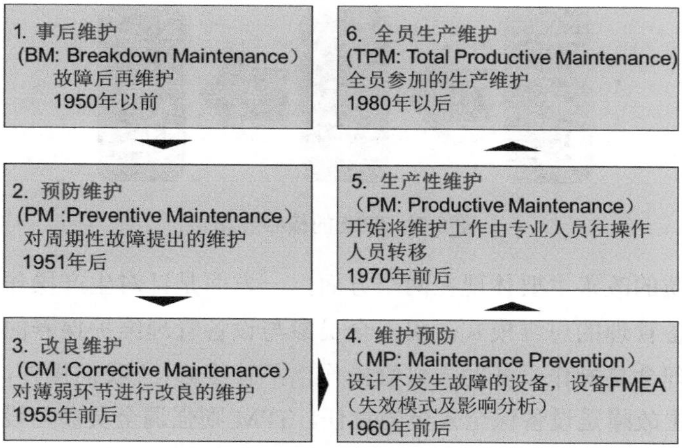

1. 事后维护 (BM: Breakdown Maintenance) 故障后再维护 1950年以前	6. 全员生产维护 (TPM: Total Productive Maintenance) 全员参加的生产维护 1980年以后
2. 预防维护 (PM :Preventive Maintenance) 对周期性故障提出的维护 1951年后	5. 生产性维护 （PM: Productive Maintenance) 开始将维护工作由专业人员往操作 人员转移 1970年前后
3. 改良维护 (CM :Corrective Maintenance) 对薄弱环节进行改良的维护 1955年前后	4. 维护预防 （MP: Maintenance Prevention) 设计不发生故障的设备，设备FMEA （失效模式及影响分析） 1960年前后

图 8-1　TPM 发展的六个阶段

　　TPM 是五星班组建设的重要模块，也是提升生产运营的关键环节。运行中的设备若发生故障会造成生产流程的中断，甚至引起生产线的停顿。只有通过有效的管理，正确地操作使用设备，精心地维护保养设备，科学地维修改造设备，始终保持设备处于良好的技术状态，才能保证生产过程的连续稳定。反之，若忽视设备管理，放松维护、检查、维修、改造，将导致设备技术状态的严重劣化、带病运行，则必然会故障频发，生产难以为继!

　　相比于日本企业，中国的设备管理水平较低，TPM 管理起步晚。比如，在 2016 年度的丰田集团年度会议上，丰田的社长指出：日本的设备重大故障率（1小时以上）0.5 件/万台，中国是 4.7 件/万台，是日本的 9.4 倍。如何来减少或消除设备故障是我国企业须重点突破的工作之一，五星班组 TPM 管理则是中国设备管理的一剂良药。

8.1.1　TPM 的核心理念

　　在企业推进五星班组建设活动的过程中，TPM 活动是非常重要的一个环节，而要推进五星班组 TPM 活动首先就要了解其核心理念。核心理念能够指导并引领整个活动过程的开展。

　　五星班组 TPM 的核心理念（图 8-2），就是通过人的体质的改善以及设备的体质的改善达到整个企业的体质改善。

图 8-2　TPM 的核心理念

人的体质的改善主要体现在两个方面，一方面是针对生产操作员工来说，要改变其设备管理的思维模式，引入全员参与设备管理维护保养的概念。传统的设备管理理念是操作设备的人只管操作，不管维修，"我们操作，你维修"，认为设备发生故障是设备保全人员的责任。TPM 则强调全员参与设备保全保养的理念，生产操作人员与设备保全人员同样对设备承担责任。

人的体质改善的另外一方面，就是针对设备保全人员来说，要培养熟知设备保全技能与技术的设备专家型保全人员。传统的设备管理不注重设备保全人员的知识及技能的提升，更多的是采用师带徒的方式对设备保全人员进行培养，保全人员技能水平完全取决于师傅的水平及教导能力，缺乏系统性的规划及各项 TPM 管理工具的运用。TPM 则更强调提高保全人员的专业化、标准化、规范化程度，全面系统地培养设备保全人员的知识和技能，以适应新时代的设备管理要求，培养设备保全人员成为专家型保全人员。

设备的体质的改善主要体现为设备综合效率（OEE）的全面提升。通过开展设备的自主维护、专业维护、焦点（个别）改善、设备初期管理等一系列活动，以及消除影响设备的七大损失等，提升设备的综合效率。

通过开展五星班组 TPM 活动创造一个生产性良好、品质不良减少、交期缩短、成本降低的优秀企业，增加企业抵抗外部风险的能力。

8.1.2　TPM 管理体系

通常，将五星班组 TPM 管理体系（图 8-3）概括为两大基石、八大支柱、目标"零"化，即以 5S、重复的班组活动为基石，通过各支柱活动的开展来创造高效生产，培养设备专家级操作员工，同时使维护人员更专业，从而提高企业的竞争力。

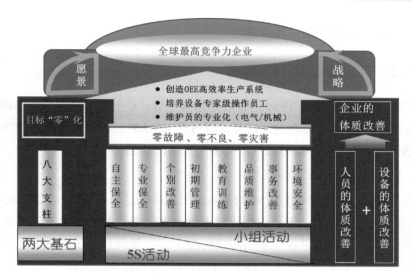

图 8-3　TPM 管理体系

所谓八大支柱，简单概括如下：

1）自主保全：指自己的设备自己维护保养，设备操作人员作为设备的主人，必须担负起设备的清扫、点检责任，通过开展自主保全的七个阶段（见 8.4.1 节）来提高正确点检、识别设备异常、改善的技能。

2）专业保全：指设备部门针对设备设施的计划性维护，包括设备评价和把握现状、劣化复原及弱点改善、构筑信息管理体制、构筑定期维护体制、构筑预知维护体制、专业保全的评价六个阶段。

3）个别改善：指消除阻碍企业成长的损失要素（包括设备效率损失要素、工作效率损失要素等），提高企业效率。

4）初期管理：即对新设备从初期计划、制作、安装等各阶段，就考虑设备寿命及维修成本，考虑使保养费用或设备故障损失能够减少的活动。

5）教育训练：从企业全局的经营效率出发，构建各岗位技能培训认证机制，通过有效的培训教育，提高员工的工作技能。

6）品质维护：通过设备与质量的关联分析，致力于生产出高质量产品，达到零不良。

7）事务改善：指间接部门以 5S 活动为基础，结合改善提案、课题等活动，开展部门职责梳理、流程优化等提升效率的活动。

8）环境安全：创建人机和谐的环境，减少污染、节约能源，以实现顾客满意、员工满意、社会满意、地球满意。

8.1.3　TPM 的三大管理思想

以前文所述五星班组 TPM 的核心理念为指导，引领整个五星班组 TPM 活动过程的开展。将核心理念进行延展可以得出 TPM 的三大管理思想，分别是预防的思想、"零"化目标思想以及全员参与班组活动思想。

1．预防的思想

预防的思想是五星班组 TPM 的基本思想，开展五星班组 TPM 活动过程中始终贯彻着预防的思想。第一，预防的思想更加强调设备的日常预防工作，减少甚至消灭故障，比如开展日常的自主保全工作，包括开展对设备进行彻底的清扫工作、注油及点检工作等。第二，预防的思想也强调定期保全工作的开展，正如人体需要做定期健康检查那样，需要定期对设备做保养、检查、更换部分零部件等。第三，预防的思想强调针对历史故障要做彻底的分析，提前做好再发防止对策，提前预防。

2．"零"化目标思想

五星班组 TPM 的第二大管理思想是"零"化目标思想，所谓"零"目标即"零"故障、"零"不良、"零"灾害、"零"浪费。追求"零"化目标与同行的水平无关，如果一直追求"零"目标，那么企业在竞争中一定会胜利。如果同行业其他企业也在追求"零"目标，那么速度则是胜败的关键。

3．全员参与班组活动思想

五星班组 TPM 的第三大管理思想是强调全员参与班组活动思想。通过全员参与班组活动可以极大地提高组织成员的能力，使组织氛围活跃，并能够使成果的最大化。

8.1.4　TPM——降低设备七大损失

五星班组 TPM 是消除损失的活动。如果能将阻碍生产的所有损失彻底消除，并达到"零"的程度，那就可以实现生产设备百分之百的效率了。

对设备而言，设备效率化的目标是指在提高运转时间及单位产出的前提下，设备稳定且不生产不良品。

　　要使设备达到最高效率，就要发挥设备所具备的功能和性能。反过来，如能彻底地去除阻碍效率的损失，就能提高设备的效率。设备损失的类型因行业的不同而各不相同，对于机械行业，大致可分为七大损失，如图 8-4 所示。

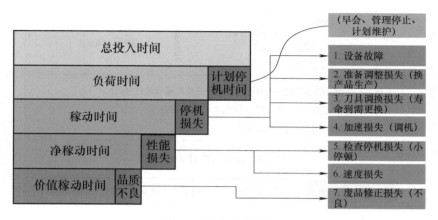

图 8-4　设备七大损失

8.2　零故障不是传说

1. 什么是故障？

　　日本工业标准对故障的定义：对象（系统、机器、零件）丧失其规定的功能。故障包括功能停止型故障及功能低下型故障，前者的特征为突发损失、较易发现、相对较容易解决，后者的特征为慢性损失、容易忽略、原因较复杂，解决起来也非常困难。

2. 设备故障的演化过程

　　设备故障冰山模型如图 8-5 所示，设备故障经由小缺陷→中缺陷→大缺陷的过程演化而来，对于各种缺陷的数量，可以引用海因里希法则来说明（1：29：300）。

　　如上所述，设备的故障是由小缺陷演化而来的，消除小缺陷，将故障扼杀在萌芽状态即可实现零故障。然而，在实际工作中，大部分企业应对设备故障的做法仅仅停留在事后维护，仅设备专业保全人员日复一日地在设备故障中穿梭，疲于奔命，但设备故障依然得不得改善。要实现零故障，首先我们必须转变为零故障的思考方式，如图 8-6 所示。

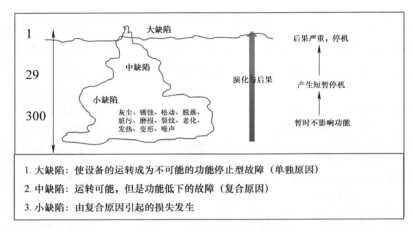

图 8-5　设备故障冰山模型

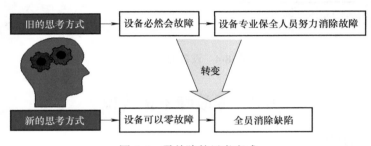

图 8-6　零故障的思考方式

★★★★★　**8.3　五星班组推进零故障对策落地**　★★★★★

理解了 TPM 零故障的思考方式后，可以从五个方面实现零故障对策落地，如图 8-7 所示。

图 8-7　零故障对策

1）基本条件的准备：清扫、加油、紧固等，清扫本身也是检查。

2）使用条件的遵守：如电压、转速、安装条件及温度等都是根据设备特点来决定的。

3）劣化复原：隐患劣化明显化，使之恢复正常。

4）设计弱点的改善：对影响设备效率的设计弱点加以改善。

5）人的失误防止：包括操作失误防止和修理失误防止两方面，提倡通过增加简单的装置来防止人的失误。

零故障对策应在这五个方面详细展开，既有短期对策，也有长期方法，所以 TPM 既是一个短期快速见效的系统，也是一个预防固化长效的系统。

无论是在设备的自主保全的七个阶段中还是在计划保全的六个阶段中，都要围绕这五个方面实现零故障对策落地。本书中着重介绍自主保全。实际上，在五星班组推进过程中，一样会导入计划保全，尤其是三星班组以上时，TPM 会成为重中之重。

★★★★★ 8.4　自主保全——设备故障改善之利剑 ★★★★★

8.4.1　自主保全的七个阶段

被某外资企业收购的 C 公司。

我们应邀来到 C 公司的一间工厂，沿着通道行走，看到的设备堆积着厚厚的灰尘，有的设备时而异响、时而发出警报声，更有的设备故障停机；走近设备，我们看到设备内部有大量的产品飞边或碎料。

我们询问现场空闲的人员："怎么停止生产了？"

他们回答："设备故障了，已经通知设备维修员了。"然后，他们继续等待着……

很多企业现场是类似的状态，生产部门只负责使用设备进行生产，跟设备保全划清界限，设备保全部门仅负责设备故障维修，实施"救火"作业，永不停息地穿梭在生产线里进行抢修。生产部门与设备保全部门经常发生争执，"才修好的设备又故障了""设备本来就还没修好"……，有的设备报修人员竟然说不出故障设备名称，出现故障、等待、维修、恢复生产循环的状态，生产指标完不成，员工士气低下，公司成本居高不下。

如何来改变这样的状态？建立自主保全体质是不二的选择。自主保全作为 TPM 八大支柱中最基础的支柱，可带给现场巨大的改善。

1. 自主保全的含义

自主保全是指以生产部门为中心的操作者的活动，通过维持设备的基本条件（清扫、加油、紧固）、遵守使用条件、进行劣化复原，把培养"懂设备的工程师"作为目标，通过七个阶段（初期清扫、发生源和困难部位对策、编写清扫润滑点检临时基准、总点检、自主点检、SQM 深化、自主管理）的教育、实践，来实现设备的最佳状态。自主保全有时也称为自主维护，自主保全基本意识如图 8-8 所示，是指要进行"三问"的意识，即有异常吗？清扫了吗？点检了吗？

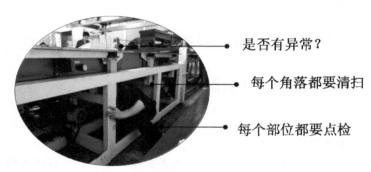

图 8-8　自主保全基本意识

2. 自主保全的目的

1）自己的设备自己维护。

2）追求设备的最佳状态。

3）成为熟练的设备运转人员。

4）形成能够及时发现异常的现场氛围。

3. 自主保全的三个活动段

以活动内容为依据，自主保全可分为三个活动段和七个阶段（STEP），见表 8-1、表 8-2 和表 8-3。

表 8-1　自主保全第一活动段

第一活动段（防止劣化活动）：1～3STEP
以准确的操作、调整、调节来防止工序不良
遵守基本条件（清扫 、点检、注油）
早期发现异常防止故障的发生
记录保全活动以防止故障再发生

表 8-2　自主保全第二活动段

第二活动段（测定劣化的活动）：4～5STEP
日常检查（对设备的五官检查，巡视）
定期检查，定期更换

表 8-3　自主保全第三活动段

第三活动段（劣化复原活动）：6～7STEP
实施小维护（异常时的应急处理，更换简单的部件）
故障异常发生时迅速正确地联系相关人员、处理
修理突发性故障时，可以进行支援
设定良品条件及管理条件

4．自主保全七个阶段的具体活动内容（表 8-4）

表 8-4　自主保全七个阶段的具体活动内容

STEP		活动内容
1	初期清扫	☞ 以设备为中心，彻底去除灰尘污染，彻底发现并解决微缺陷 ☞ 制定 5 种清单（不合理清单、发生源清单、困难部位清单、重要不合理清单、疑问点清单）
2	发生源和困难部位对策	☞ 制定发生源对策 ☞ 采取防止飞溅、扩散的对策 ☞ 改善清扫困难部位来缩短时间
3	编写清扫、润滑点检临时基准	☞ 进行润滑技能教育 ☞ 进行润滑总检查 ☞ 制定在指定时间内能够完成清扫、注油的基准 ☞ 制定润滑管理体系
4	总点检	☞ 按总检查科目进行技能教育 ☞ 总检查 ☞ 改善设备检查方法 ☞ 制定确实可行的检查基准
5	自主点检	☞ 制定生产保全基准周期表 ☞ 遵守以设备为对象的活动基准，并踏实地做好日常保全 ☞ 以故障"零"为目标

（续）

	STEP	活动内容
6	SQM 深化	☞ 开展不良"零"活动 ☞ 开展不制造不良的活动 ☞ 以工序，设备来保证品质，并以不良"零"化为目标
7	自主管理	☞ 在现有的 TPM 水平上维持、改善、继承

8.4.2 自主保全第一阶段：初期清扫

在辅导企业的过程中，我们发现很多企业的管理人员，还有特别是员工，根本不重视设备的初期清扫工作，而且对于把设备初期清扫作为自主保全STEP1 的内容也不理解，往往在开展活动过程应付了事。

企业为什么要进行设备初期清扫工作呢？

我们辅导过的一家钢铁企业。

在诊断的时候，我们发现该企业设备故障率特别高，管理人员一直处于救火状态，每天都在现场忙于处理各种突发故障。企业总经理就很纳闷，设备部门一直也有在做设备保养工作，点检记录、加油记录都很齐全，为何故障一直居高不下呢？设备部门保养工作的意义何在呢？实际上，到现场一看，发现所有的日常点检、注油等保全工作都是浮于表面的，为什么呢？因为一进车间现场，就发现整个地面，包括设备表面等，均覆盖着厚厚一层灰，足足有两三厘米厚，部分设备几乎埋在灰里面了，员工日常就不做设备的清扫工作。设备的关键部位点检、注油情况均无法观察，很多需要润滑的部位处于干烧状态，长期无加油。这样的企业不发生设备故障才奇怪。

1. 设备初期清扫概述

1）设备初期清扫的"三美"如图 8-9 所示。设备初期清扫是一切设备维护保养的基础，无清扫则无点检及润滑。通过开展五星班组 TPM 初期清扫活动，应该达到这三个"美"。

- 设备状态"美"：通过初期清扫活动，对设备里里外外进行彻底清扫，无跑冒滴漏、干净整洁，漆见本色铁见光。

- 设备性能"美"：设备状态良好，无安全隐患，设备高效运行，工艺性能指标及运营指标良好。
- 设备主人"美"：通过与设备的亲密接触，了解设备的结构和原理、体会污染源及困难源、掌握清扫的方式和方法，最终转变员工对设备的观念，提高员工的设备维护保养意识。

图 8-9 设备初期清扫的"三美"

2）设备初期清扫的工作内容。设备初期清扫就是通过五感彻底去除设备本体及周围的灰尘污染及垃圾，包括潜在的危害物。其工作内容包括：以设备本体为中心进行清扫，彻底去除灰尘、污染（5S 中的清扫主要针对设备外部污染，而设备初期清扫不仅包括设备外部，还包括罩盖内部）；清扫即点检，清扫的同时进行点检，对设备的变形、脱漆等进行复原，并对故障设备进行简单修复（如传动带脱落或断裂）。在清扫过程中要完成一图四个清单的填写（三现地图、缺陷/两源清单（发生源、困难部位）、LDQ 关联清单、不合理清单、疑问点清单）。

3）初期清扫的目的：

- 通过设备初期清扫活动，了解设备近距离范围内所有区域的状况，在实施清扫的过程中，发现设备里里外外各种潜在的微缺陷，并进行改善，同时对污染物进行分析，分析污染的原因，以更好地了解两源（污染发生源、清扫困难源）的发生，以及所在污染对产品品质造成的影响，开展 LDQ 关联分析。LDQ 关联分析是指位置（部位，Location）、灰尘（污染现象，Dust）、品质（Quality）的关联分析，是指分析设备的哪个部位有何种污染现象会对品质带来哪些影响。

● 通过和设备亲密接触，了解设备的结构和构造，明确设备清扫的步骤（顺序）和清扫方法，挖掘设备的清扫困难源并开发清扫工具进行改善，提高清扫效率。

2. 设备初期清扫活动认知的四个层次

1）设备初期清扫是污染去除的清扫。首先，设备初期清扫是污染去除的清扫，这也是初期清扫最基本的认识。通过把设备进行开盖、分解，擦拭到每个零件，把脏污进行彻底的去除。这也为后续进行点检清扫及改善清扫提供了条件。污染去除的原则是：脱黄袍、清内脏，漆见本色铁见光。即将设备上面的各种油污进行彻底清除，将设备内外脏污进行彻底清理，使设备原来的颜色能够显现出来，金属表面应光泽如新，复原到设备原来的状态。

2）设备初期清扫是点检、观察的清扫。通过污染去除的清扫，把设备里面的异物拿出来后，又发现有新的污染产生，这时就要找出这种污染的发生源并解决它，如果发生源一直存在，就会存在重复的清扫。在清扫过程中，检查不到的地方，不易清理的部位，称为"困难源"。所以，也可以说清扫就是点检。

3）设备初期清扫是改善的清扫。现场清扫过程中发现污染发生源和清扫困难源后，需要制定对策进行改善，提高清扫的效率，减少清扫的时间。清扫并不是最终的目的，更多的是希望通过清扫活动，发现设备的各类劣化问题点，并对这些设备劣化问题进行复原，改善污染发生源和清扫困难源。

4）设备初期清扫是维持管理的清扫。设备初期清扫活动不是一次性活动，必须持之以恒地去开展，最终形成"我们的区域"如何进行清扫的维持清扫基准书。

3. 设备初期清扫实施的三个层次

从清扫实施是否彻底的角度来说，可将设备初期清扫实施划分为三个层次。首先是最基本的设备表面的清扫，要保证设备表面无任何脏污，光泽如新；其次是开盖清扫，凡是涉及需要开盖的地方都必须打开，对内部进行彻底的清扫，并进行劣化复原；第三是零部件级别的清扫，即对设备进行彻底的拆解，对所有零部件进行彻底清洁。

一般情况下，企业刚推进设备初期清扫活动时，不建议进行第三层次的清扫，这对设备技术人员能力要求较高，设备拆解后要能够正确地进行复原。当企业开展初期清扫活动一段时间后，已经能够进行日常的维持，并长期坚持做，设备技术人员对设备结构和功能也有了更深的理解和认识时，可以考虑开展设备零部件级别的清扫活动。

设备初期清扫活动是开展 TPM 活动最基础的一步，是万里长征的第一步，此项活动开展的顺利与否直接影响后续活动的推进。TPM 活动强调全员参与，而初期清扫活动若开展得顺利，能够起到立竿见影的效果，最大程度地影响员工参与后续活动的热情。当然，初期清扫活动是流汗的活动，需要在推进项目的过程中不断创新，以激发员工参与清扫的激情。

4．设备初期清扫活动要领

初期清扫活动要领：确认安全事项（安全永远放第一）；操作员要视清扫作业为己任（彻底做好教育工作）；彻底除去常年的污垢（班班执行，班班检查）；打开每一个罩盖，清扫每个角落（内在也需要干净）；清扫现场每一个角落（不留死角）。

5．初期清扫实践流程及实例

初期清扫实践流程共有七大环节。

（1）第一环节——活动前准备

准备活动需填写一图四清单（三现地图、缺陷/两源清单（发生源、困难部位）、LDQ 关联清单、不合理点清单、疑问点清单）；确定实践活动区域/设备；确定实践活动时间及成员；准备好清扫工具（手电筒/毛刷/抹布等）。

1）三现地图（图 8-10）：找出冲击点、发生源、困难部位，并进行标识。

冲击点：　　发生源：　　困难部位：

通过画三现地图可以：①更好地理解设备，加强对设备各个构成部件的了解；②通过对各部位污染现象的分析，了解污染对设备、品质的影响度，加强对各设备部件的管理，提高设备的稼动率及杜绝品质问题的发生。

- 冲击点：设备与设备之间有摩擦及碰撞的点；
- 发生源：造成污染或问题的根源；
- 困难部位：清扫/点检不方便、不安全的地方。

2）LDQ 关联清单（表 8-5），即分析设备的哪个部位有何种污染现象会对品质等带来哪些影响。

3）不合理点清单（表 8-6）：清扫就是点检，在设备清扫的过程中发现设备的各项不合理问题点，并进行改善。

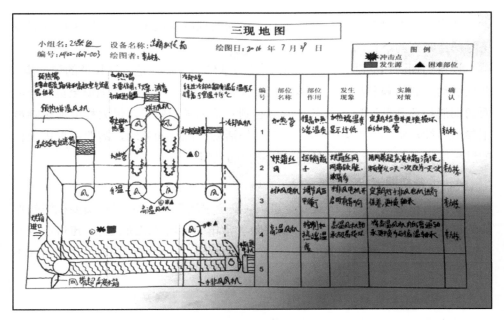

图 8-10　三现地图

表 8-5　LDQ 关联清单

编号	部位	污染现象	污染种类	关联损失	改善后说明
1	滚轮	污迹	油墨	影响产品质量	定期进行清理
2	轴承	转速不稳定	油污、灰尘	导致传输出现故障	定期进行清理
3	包布	污迹	油墨、灰尘	影响产品质量	及时更换
4	过桥	污迹	灰尘	影响产品质量	定期进行清理

表 8-6　不合理点清单

序号	部件或部位名	不合理现象（内容）	不合理区分	发现日	发现者	原因	对策或建议	实施者	解决区分		解决日期		备注
									自己	支援	计划	完成	

注：不合理区分为 1. 整理；2. 整顿；3. 基本条件；4. 微缺陷；5. 发生源；6. 困难源；7. 不安全部位；8. 其他。

那么，在实施设备初期清扫的过程中发现不合理点的要领是什么呢？答案是活用五感：视、触、听、嗅、味的感觉。

4）疑问点清单（表 8-7）：活动开展过程中对设备及各项不明白、不理解的，可以提出疑问，并由本部门人员或者其他部门人员进行解答，以便促进对设备的了解。

表 8-7　疑问点清单

No	提出者	提出日	疑问内容	解决区分		实施者	实施日	备注
				自己	支援			
1	张三	2019.04.10	什么原因会导致管道不通		√	机修	2019.04.18	定期拆卸，对过滤网进行清洗
2	李四	2019.04.13	什么原因导致电磁阀会卡死		√	机修	2019.04.18	定期进行润滑，手动控制
3	×××	2019.04.13	为什么电加热器有时温度差很大	√		王五	2019.04.18	定期对加热器进行保养，清扫
4	×××	2019.04.17	为什么管道排气阀不能自动排气，导致每次开机后泵会自动停	√		×××	2019.04.18	泵开启后，用细铁丝手动排气
5	×××	2019.04.18	为什么水泵风机运转有灰尘进散热器	√		×××	2019.04.18	定期用毛刷清扫散热器
6	×××	2019.04.18	为什么接水盘积水过多导致污渍锈迹	√		×××	2019.04.18	定期清理表面污渍、水锈，并进行手动排水

5）清扫工具准备（图 8-11 和图 8-12），手电筒/毛刷/抹布等。

图 8-11　清扫工具准备（一）

图 8-12　清扫工具准备（二）

（2）第二环节——活动内容说明

组织者向参与本次活动的人员说明目的、活动内容（图 8-13），说明活动的纪律及安全注意事项（图 8-14）；制定不合理问题点/可疑等的目标（如每组 5件以上）。

图 8-13　活动内容说明

图 8-14　安全注意事项说明

（3）第三环节——分组及组员分工

分组时应每组不超过 9 人并选出组长（图 8-15），然进行组员分工（图 8-16）（先合后分）。

图 8-15　分组并选出组长

图 8-16　组员分工

（4）第四环节——现场实践进行

对现场查找到的不合理问题点（图 8-17）/疑问点/困难部位/发生源，以及活动现场员工风采（图 8-18）进行拍照。

图 8-17　查找出不合理问题点　　　图 8-18　活动现场员工风采

（5）第五环节——实践活动内容制作

按照各类表格的要求，进行活动内容制作的讲解（图 8-19）；各小组完成三现地图、缺陷/两源清单（发生源、困难部位）、LDQ 关联清单、不合理点清单、疑问点清单及清扫标准（清扫顺序/关注点/安全注意事项），完成活动内容的表格填写（图 8-20）。

（6）第六环节——活动总结及发表

这个环节进行活动资料的整理及完善（统计实绩），选定发表人，活动感想及发表，活动总结及结束。

（7）第七环节——理解设备各组成部位的检查要点

开展设备初期清扫活动过程中，非常重要的一个环节是发现及识别设备的各项问题点、微缺陷及两源等。以下是在设备初期清扫过程中常见的各部位的检查要点。

图 8-19　活动内容制作的讲解

图 8-20　活动内容的表格填写

1）检查要点-螺钉螺母（表 8-8）。

表 8-8　检查要点-螺钉螺母

名称	检查项目
微小缺陷	有没有松动，有没有脱落
螺杆长度	螺杆是否留有 2～3 个螺母程度的余长
垫片	长孔是否使用着专用垫片 有振动的情况，是否使用了弹簧垫片 同场所是否使用着几种垫片
螺钉、螺母的 使用方法	是否从下面穿进螺钉，把螺母放到可看到的地方 限制开关是否用两个以上的螺母固定 双螺母是否使用了内径小、外径大的 旋转体、振动体是否使用了垫片

2）检查要点-注油见表 8-9，参考图 8-21 所示的注油检查示意图。

表 8-9 检查要点-注油

名称	检查项目
注油口	油嘴与减速箱的注油口是否经常保持干净
	注油口是否有防尘对策
	注油口上是否标有相应的油种与油量及是否注油
油量计	加油表或油量计保持清洁并容易确认油量的状态
	是否标识有相应的油面
	是否漏油，或给油管道、孔是否被堵塞
自动给油装置	是否正常运转，给油量是否恰当
	供油管是否有泄漏、压扁、弯曲等
润滑状态	旋转部件、传动部件链条经常保持清洁并且有油
	是否因为必要的供油而给周边造成了污染

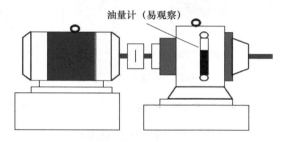

图 8-21 注油检查示意图

3）检查要点-驱动见表 8-10，参考图 8-22 所示驱动检查示意图。

表 8-10 检查要点-驱动

名称	检查项目
传动带与传动带轮	传动带是否爆裂、膨胀、磨损、粘油，传动带是否被拉长及缠绕
	每条传动带的张力是否一致，有没有与其他类型的传动带相误用
	传动带轮槽面是否光滑（传动带或传动带轮的磨损）
	传动带与传动带轮的中心是否相对称
链条	链条是否被拉长（插销的磨损），链轮齿的齿轮有没有磨损、掉落、疵点
	链齿与链条间的润滑是否充分，链轮齿的中心是否相称（相匹配）
轴、轴承、联轴器	是否有松动、是否因缺油而发热、是否有振动的异常声音
	固定螺钉是否松动、掉落
	联轴器对中是否准确
	联轴器橡胶是否磨损或螺钉是否松动
	联轴器上是否没有黄油

(续)

名称	检查项目
齿轮	润滑是否适当，是否因多余的油而发生污染 齿轮是否有磨损、疵点、残屑等 齿轮是否有异常声音或振动

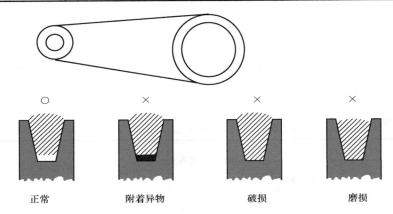

图 8-22　驱动检查示意图

4）检查要点-空压类见表 8-11，图 8-23 所示为空压类检查示意图。

表 8-11　检查要点-空压类

名称	检查项目
3 点设置：过滤器、油壶、调节器	始终都干净，并且能够清晰地看到设置方向是否正确 油的滴入量是否适当（约 5 秒 1 滴） 从 3 点设置（安装距离）到空压机为止的距离是否在 3 米以内，是否缺油
空压器件	气缸或电子阀门有没有空气泄漏，是否牢固固定 是否用铁丝、绳、胶带做临时性措施 空气阀是否有污染、疵点、磨损 速度控制器设置方向是否正确 电子阀是否有异常音、发热，信号线的缠绕支架是否被损坏
排管、软管	空气排管或软管上是否有容易积水的地方 排管与软管固定是否牢固 有无气体泄漏，软管上是否有疵点或磨损 阀门类部件有无异常，是否有开闭标识 是否有不必要的排管、软管、阀门等

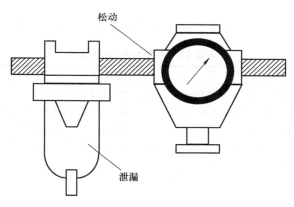

图 8-23　空压类检查示意图

5）检查要点-油压类见表 8-12，图 8-24 所示为油压类检查示意图。

表 8-12　检查要点-油压类

名称	检查项目
油压单元	油缸的油量是否恰当，是否有油量标识，油温是否恰当，是否有正常温度的界限标识 油是否变模糊（混入空气） 加油口是否清洁，油的通路是否畅通 油缸的供、排过滤棒是否堵塞，油泵是否正常，是否有异常音或振动等
热交换器	油冷或水冷排管是否有泄漏 油与水的出口、入口的温度差是否恰当（是否有管子的堵塞）
油压机器	油压机器有没有油漏出 机器的固定是否牢固，机器的运转是否良好；有没有瞬间停止，速度低的情况 油压是否恰当，压力表的运动是否正常（零点、颤动） 气缸的缓冲是否正常
排管、软管	排管与软管的固定是否牢固 有没有油泄漏，软管上是否有疵点或磨伤 阀门类部件有没有异常，是否有开闭标识，有没有不必要的排管、排线及阀门 软管或铜管是否有缠绕或摩擦

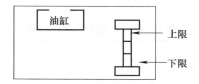

图 8-24　油压类检查示意图

6）检查要点-电气类见表 8-13，参考图 8-25 所示电气类检查示意图。

表 8-13　检查要点-电气类

名称	检查项目
控制面板	配电柜、操作盘、控制面板内部的整理、整顿、清扫是否良好 是否存放有不必要物品或可燃性物品，面板内部的线是否整顿良好（整齐） 电流表、电压表是否正常，是否有正常范围标识，有无损坏或断线 开关类部件有无损坏，动作是否正常；门锁有没有损坏，开闭状态是否良好 是否有多余的孔，防水、防尘是否良好
电子元器件	马达是否有发热、异常声音、异味、振动等 马达盖子与排热扇是否干净 设置是否正常，固定螺钉状态是否正确
传感器	限制器开关是否干净及牢固，限制器开关内部是否清洁，读取线是否松动 限制器开关的安装方法是否正确 探测器形状是否正常，有没有磨损或变形；光电管开关及相邻开关上是否有污染与晃动 传感器与元器件间的位置是否一致，元器件排线是否因接触读取而剥去了保护套
排管、排线	排管、排线的固定是否牢固 电线有没有松脱或断线 排管是否有腐蚀或破损，排线的保护套是否脱落或有疵点 地面上是否有混乱的排线及从空中垂直下来的排线

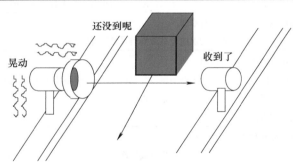

图 8-25　电气类检查示意图

7）检查要点-常用机械见表 8-14。

表 8-14　检查要点-常用机械

名称	检查项目
泵	泵或支架上是否有异常声音、振动、晃动 地基螺钉有没有松动、腐蚀或破损 支架基础有没有腐蚀或开裂、破损等

（续）

名称	检查项目
泵	外壳是否漏出液体，排管或阀门是否漏液
	排管或阀门是否被堵塞
	压力表、真空表、油量计、温度计是否正常，并有正常界限标识
	起动电流值、运转电流值是否正常，有没有正常范围标识
	阀门是否正常工作，是否有开闭标识
风扇	风扇与支架上是否有异常声音、振动
	地脚螺钉有没有松动、腐蚀、破损
	固定螺钉是否松动、腐蚀或破损
	外壳是否漏气（空气）等气体泄漏
	风管是否有泄漏，有没有风管被堵塞与冰冻的情况

8）检查要点-水/蒸汽见表 8-15。

表 8-15   检查要点-水/蒸汽

名称	检查项目
排管计量表	有没有蒸汽及水的泄漏
	蒸汽压表、水压表有没有污垢，有无极限界限标识
	是否有流体的流向标识
	排管、计量表的保温层是否破损或松动
阀门类	阀门手柄是否掉了，固定螺钉是否松动
	是否有关不紧的阀门
	开闭是否容易，开闭时有无困难
	是否有开闭标识
	需要调节流量的地方是否有相应的刻度标识

TPM 中最常见和最微小的活动是"清扫"，但注意绝不能忽视清扫。清扫不仅能转变环境面貌，创造干净、整洁、明亮的工作场所，树立企业形象，而且是减少设备故障的利剑。经统计，75%的设备故障均来自污染物及缺少润滑油，所以清扫一定要彻底。清扫就是设备点检，通过清扫能找出微小缺陷、排除故障隐患，从更深层次去看，清扫能扫除思想上的懒惰，养成勤奋的工作作风。

8.4.3   自主保全第二阶段：发生源和困难部位对策

员工在开展设备初期清扫的过程当中，会发现一个问题，那就是设备清扫要占用大量的工作时间或者通过加班加点来完成，苦不堪言，为什么会出现这种情况呢？

原来，一方面，员工在做清扫的时候发现，设备某一块地方老是有重复产生的灰尘或其他各种污染，今天清扫完了，很快又会出现，不管如何努力清扫，现场很快又脏了，日复一日员工就会失去再清扫的热情；另外一方面，在清扫的时候发现，设备某些部位太高，不便于清扫，或者空间特别狭小，日常的清扫工具很难进入进行清扫，由于这些情况常常引起自主保全的不便，导致自主保全无法持续实施。所以，有必要改善这些污染发生源和清扫困难部位。

所谓发生源是指对环境及设备造成污染的污染物出处（根源），如液体、粉尘、刺激性气体、噪声、振动、热风等。

所谓困难部位（困难源）是指不便清扫的地方、违背安全原则的地方、不方便作业的地方、不能快速完成清扫的地方。

1．发生源、困难源对策目的（STEP2 活动的目的）

通过改善垃圾、灰尘、污染发生源，改善飞散防止和清扫注油、点检等困难源，来缩短清扫、注油点检周期，学会设备改善方法，提高实质性效果。

（1）发生源、困难源对策设备面的目的

目的是为了把 STEP1 中诊断合格的设备的清扫水准，确保在以后容易地维持下去，进而去掉灰尘、污染的发生。如果不能把发生源除掉的话，则采用防止灰尘、污染飞散的方法。如果连飞散的防止都做不到的话，人员就必须对发生源和其周边进行定期清扫，在这种情况下，目的是为了在规定的时间内完成清扫而实施作业方法及设备的改善。

通过 STEP2 活动来防止灰尘、污染附着在材料、制品、设备上，不仅能够提高品质又能防止劣化，还能更容易地发现微缺陷。在成长为中缺陷或大缺陷之前，在微缺陷的阶段中进行处置，提高设备的信赖性。而且，清扫困难源的改善还能提高设备的保全性。

为了维持设备的基本条件（清扫、加油、紧固），要把操作者必须做的日常清扫，整理成清扫基准。

（2）发生源、困难源对策人际面的目的

1）学习改善方法：在 STEP1 中，操作者对长时间堆积灰尘、污染的设备进行了清扫。在清扫过程中，越是付出了辛苦，就越会不想再把好不容易清扫干净的设备再次弄脏，这种念头会产生在全员的意识之中。一旦把设备弄干净后，就很容易看到一直都没发现的污染发生，这样一来员工也会产生想要更加容易地进行清扫的欲望及兴趣：

- 反复进行清扫，可是立刻又变脏了，所以不首先除掉污染的发生源就不行了。
- 清扫 V 形传动带时，发现其组装方法有危险，如果把发动机挪近一点的话，可能会确保更安全一点，向保全人员确认一下吧。
- 就这样子被清扫剥夺时间真不是个事儿，能否更容易做到呢？
- 好不容易发现缺陷并进行了复原，可是就现况来看觉得还是会重复产生劣化，如果不考虑一下点检方法，恐怕是不行了。

清扫是告一段落了，但是为了再减少一些不良，仍然需要通过保全的智慧来对设备进行改善。

在 STEP2 中更能积累这种进行改善的欲望和兴趣。操作者用智慧来实际地对设备进行改善，并除掉灰尘、污染的发生源，清扫困难源。在清扫身边的问题过程中开始学习改善的方法，并确保设备具备运行的基本条件，能把这些活动确实维持下去的话，故障或不良实际上是能减少的。应以现实中获得的效果来使全员理解所做的事情的意义，并使他们品尝到获得成功时的快乐或成就感。

在操作者具备能够改善设备的力量来走向更难的下一阶段的关头时，应把赋予他们更深的自信感当作目标。

2）学习加工原理：STEP2 中重要的是进行发生源对策时，操作者通过仔细观察灰尘或污染的发生现象，来学习机器的动作或加工原理。

在切削工序中，对车床的切屑进行对策时，通过观察切屑的形态、长度、飞散方向来学习工序中刀具的形状、切削深度、切削用量、转数、材质、磨损、寿命，以及冷却的角度等。

点焊工序中，对焊渣进行对策时，学习焊接电路片接触点的位置、形状、角度、焊点间距、电极压力、通电时间、电流值、冷却部位、熔化部位等。

研究集尘装置中防止灰尘的飞散时，学习循环净化理论，学习其结构，掌握改善技能。

一个部位看起来像一个发生源，但是对多部位进行分析以及详细观察的话，会发现是数个发生源集中在一起的。因为复合的原因重叠着，所以看起来就像是一个原因。至今以来一直被忽略、没有被管理起来的讨厌的发生源，几乎都带有如此的复合特性。

针对复合发生源，简单地想一个对策就去实行是无效的，只是在把问题点往别处转移而已。应该按照加工原理，通过理性的分析来详细考虑对策。要不然一时看起来除掉了发生源，但是之后在其周围会再次发现别的异物产生的现象。

发生源对策的目的不仅仅是除掉异物以及缩短清扫时间，也要通过详细观察异物产生的现象来学习动作、动态加工原理。因为一直以来没有很好地了解加工原理，所以不仅是操作人员，连技术人员也没有实施过有效的对策。

通过学习加工原理，对现象进行仔细观察，基于工学原理、原则研究出现象产生的要因，并研究出有效的对策。发生源对策活动的开展方式也是在以后阶段中开展改善活动的基本方式，开展活动的最终目的是在作业安全性和品质、设备效率的提升方面实现显著的效果。

2．发生源、困难源对策的开展方法

（1）对策顺序和各子阶段方法

在某种发生源的清扫有难度的时候，自然会在同样的部位实施发生源对策和困难源对策。这样的部位很多，所以必须首先开展发生源对策。在对发生源开展完全部对策前，操作人员不得不进行定期清扫，这时就应实施飞散防止对策。

发生源对策、飞散防止对策如果不成功的话，只能改善设备来使清扫变得容易。困难源对策首先是改善清扫的顺序或工具，即清扫方法的改善。在以上对策都失败时，选择采取最后的对策，即为了使清扫容易进行而对设备进行改造。灰尘或污染的发生会给安全、品质、故障、准备、调整等多方面带来不良影响。发生源、困难源对策不是按照缩短清扫时间的成果顺序来进行的，一定要先考虑发生源对策，然后再考虑困难源对策，在STEP2的末期，同样可以达成缩短清扫时间的目标。

1）发生源、困难源对策的顺序表（表8-16）。

表8-16　发生源、困难源对策的顺序

发生源对策	1. 发生源防止对策	找出灰尘或污染的发生源，去除发生源
	2. 飞散防止对策	无法除掉灰尘或污染发生源的情况下，实施飞散防止对策
困难源对策	3. 清扫方法的改善	发生源对策没有成功，为了容易进行清扫而改善清扫顺序或工具
	4. 设备改善	在1～3对策没有成功时，为了容易进行清扫而改善设备
设计对策	对现设备的发生源、困难源对策，在技术、成本制约下不可能实现时，应反馈给设计人员，解决设备中出现的问题	

2）STEP2分步开展的方法（表8-17）。

— 166 —

表 8-17　自主保全第二阶段开展方法

序号	名称	序号	名称
1	发生源的整理与再检讨	7-1	发生源对策的评价
2	困难源的整理与再检讨	8-1	困难源 WHY-WHY 分析
3	清扫基准书的制定	8-2	困难源对策的制定
4	清扫周期的把握	8-3	困难源对策的实施
5	时间目标的设定	8-4	困难源对策的评价
6	改善部位的设定	9	清扫基准的再检讨、整理
7-1	发生源 WHY-WHY 分析	10	整理未解决事项，形成课题
7-2	发生源对策的制定	11	部分问题的展开
7-3	发生源对策的实施	12	STEP2 诊断

（2）发生源对策

对于发生源对策，如果仅满足于在设备上增加一个能打开的盖子现有覆盖着的大型盖子是不够的，要把灰尘、污染的发生，从根源上消除掉。如果不能消除，就把发生源控制到极限，使其不飞散。

灰尘、污染的发生源可以分成加工原理发生源、设备故障发生源、设备以外的要因发生源三种。

（3）困难源对策

在清扫、加油、点检的困难源对策中，清扫是在 STEP2 中实施，加油是在 STEP3 中实施，点检是在第 STEP4、STEP5 中实施。

在第 STEP1 中会找出很多清扫困难源。困难源对策是把清扫或点检困难、费时的设备部位，改善成为容易清扫或点检的部位，主要的活动是进行设备局部改善或开发有效的清扫工具。一般困难源会涉及以下方面：

- 有需要定期清扫的机械部位（如一些顶部），但是没有能放脚的位置或栏杆。
- 未考虑清扫、点检而设计的设备，无法进去看也无法用手碰到的地方。
- 在地面设备周围密集铺设管道、电缆软管等。
- 设备比较高或者某些部位空间较小，一般的清扫工具不容易进行清扫的部位。

针对如上这些困难源可考虑如下的改善对策：

- 把机械移到安全的地方或设置落脚的位置及栏杆。
- 设置入口、点检口，改善设备，使一些部位能够拆卸。
- 电缆软管或管道整齐排列，并按顺序标识。

● 针对设备难以清扫的部位，开发专用的清扫工具进行清扫。

在困难源对策里，重要的是实际操作设备的操作者要有基于自身的进行改善的态度，由他们发现问题点并能够处理的由他们自己去处理，需要焊接、电器技能等超过自身能力时，需要联系保全部门对操作者进行支援。

在进行五星班组 TPM 活动的过程中，开发专用的清扫工具（图 8-26）对设备清扫困难部位进行清扫，可有效提高清扫效率，减少清扫时间。为活跃班组氛围，可开展相应的清扫工具开发大赛（图 8-27），激发出员工切合实际情况的清扫热情。

开 发 工 具 统 计 表							
序号	班组名	小组名	工具名称	功能描述	适用部位	开发人	图片
1	钣金班	飞跃	四合一扳手	适用于冲床快速转型换模，减少3种换模工具，并每次缩短换模时间25秒	适用模柄锁紧螺母与螺栓头部位，合计36个部位，涉及9台冲床	隆××	
2	配管班	朝阳组	12厘米铜管整形车	针对CNC机台不稳定，造成铜管尺寸不一，需手工整形的车	适用于所有12厘米需整形铜管	张××	
3	热交班	奔驰	输送链底清洁毛刷	用于去除热交二线自动焊输送链底铜粉、氧化皮的清洁毛刷	输送链	林××	
4	内1班	腾飞	易拉式铭牌、管理票装载盒	减轻劳动强度，提高生产效率	适用于贴铭牌岗位	刘××	
5	内2班	卓越	总装单元车	运输与生产同时并用，"麻雀"虽小，但可容纳整套柜机室内机，适用于多种机型生产	工装车	李××、张××	
6	装检班	奋飞	导轨自动清扫夹	主要针对一些狭窄导轨产生油污难扫，需花费长时间进行清扫的情况	适用于各类带板链或导轨的转动设备需清理油污的部位	苏××	
7	仓检班	乘风破浪	直流电动机检测装置	用于直流电动机试运转，检测直流电动机运转的方向是否正确	直流电动机	黎××	
8	仓检班	乘风破浪	绝缘耐压校准件存放工装	用于存放绝缘耐压仪的校准件，可明确区分存放标准件	校准件	林××	
9	测试科	质量先驱者	固定电动机温升堵转测验台	主要测试电动机堵转的温升试验	适用各类电动机	陈×	
10	测试科	质量先驱者	室外机自动开关控制仪	多用途测试用，以提高测试的自动化、效率和测试安全性，零部件测试、耐久性测试等	零部件	张××	

图 8-26　开发专用的清扫工具

图 8-27　清扫工具开发大赛

（4）对策的检讨和评价

全员都要亲身实际进行改善，并养成事前检讨、事后评价的习惯。事前，要充分地检讨改善课题的问题点、部位、目的、内容、成本、效果，以提高员工的成本意识。

遗憾的是，不仅在操作部门，而且在生产部门，以及在保全部门，全体员工包括管理者中，有很多缺乏成本意识的人。在 STEP2 的改善中，虽然缩短清扫时间是其目的之一，但主要目的还是在安全、品质、故障、准备交替、保全性等多方面能实现有形效果的改善。

（5）WHY-WHY 分析在 TPM 中的应用

传统的问题处理方法无法解决复杂、复合原因引起的慢性损失，TPM 采取对现象和要因的关系进行具体分析的 PM 分析、FMEA 分析等问题解决方法，这些方法对那些持续得不到有效解决的问题是很有效的。

但是，PM 分析、FMEA 等方法对于基层来说，相对较难且应用频率不高。而且，在分析灰尘、污染发生源等经常发生的现象时，PM 分析、FMEA 分析并不合适，而且需要花费太多的时间和精力。在这些情况下，为了使操作者更加容易接受和使用，采用 WHY-WHY 分析法比较好。

学习 WHY-WHY 分析法，通过边体会现象边观察的方法、问题根本原因寻找的方法和改善的思考方式等，对操作者容易理解的灰尘、污染等身边的发生源进行改善，直到彻底除掉发生源，体会到目标达成的快乐感觉。这样，能同时达成 STEP2 改善的设备方面目的和人际方面目的。

WHY-WHY 分析是：

1）按小组划分设备区域，从所有的问题点中选择主题。

2）按照把什么、到什么时候、怎样进行的思维方式来制定改善的计划。要树立灰尘、污染"零"化的意识，并用严格的标准来确定目标。

3）按成员确定作业分担区，并编制实施日程表。

4）抱持固有观念不放，或凭经验、凭直觉来主观猜想对策的方法是行不通的。必须仔细观察现象、反复进行实验来得到相关数据，并进行原理解释层面的分析后，再制定对策。

5）不要发现了一个对策方案，就放弃检讨别的对策方案，简单地进行改善来除掉问题点，这不会是最想要的结果。实施改善要达成的不只是改善的效果，更重要的是改善的思考方式和问题解决方法的学习。

6）对于目标定得太高的情况，比较理想的情况是在下一个阶段中完成。本阶段不是以目标的达成状况来进行评价改善的，而是以学习的程度来评价的。

（6）飞散防止对策

飞散防止对策是通过不断尝试而持续改善的。考虑对策时，在不发生安全事故的前提下，揭开机器的金属盖子，以自做的纸板或丙烯板来做实验。

为什么要用纸板或丙烯板呢？使用纸板和丙烯板能比较直接看得到灰尘、污染的发生源。而且，在短时间内拿纸板或丙烯板当作盖子，使用上也是没问题的，操作者只要通过简单的实验就能确认防止飞散的最好方法。确认飞散防止的效果后，再制定最终的对策，利用金属、橡皮等材质制作长期使用的盖子或挡板。

（7）留下改造记录

设备的所有改造都依赖图样，而图样的改善要依赖现场员工每天操作的问题点累积。所以，必须要留下员工日常操作和保全的记录。对于不同程度的操作者，能用简单笔记或素描也是没有关系的。在保全、生产技术部门选出担当者来，把需要改造的实施要点确认后，必须对原图或关联图样全部修订。不同部门的担当者，一起参与整理预防维护信息是比较好的。

图样是全部设备信息的主体，如果不及时更新，或过几年后，不知什么时候有什么人为什么提过改善方案的话，设备管理水平不仅不会进步，还会退步。拿着这样的图样，把制造或施工委托给外人，就会加工出以前未改善前的设备来。即使是企业内的保全部门，也会发生同样的失误。

（8）遗留问题的整理

在发生源对策中挑战灰尘、污染"零"化时，会出现订货的备品备件还没有到，也可能会出现设备不能停止等多种无奈的情况。这样的问题在实际生产的过程中是存在的，所以在 STEP2 活动的末期，应对这些没法完成的课题进行整理，之后对现象进行再检讨以及开展后续行动，修正到自主保全的计划中。

3. 两源改善的实用工具/表格举例

1）两源问题清单（表 8-18）：使用两源清单来登记问题，安排人员进行跟进改善。

表 8-18 两源问题清单

设备名									解决区分		解决日期		备注
					S-4018 双螺杆挤出机								
序号	部件或部位名	现象（内容）	不合理区分	发现日	发现者	原因	对策或建议	实施者	自己	支援	计划	完成	备注
1	电动机（上面操作台）	灰尘多、污迹多	▲	6月1日	张三	清洁不彻底	1）清除污迹 2）制定清洁周期	李四	√		6月10日	6月10日	
2	混合搅拌机	有灰尘、油污多	▲	6月1日	李四	长时间浸泡于水中	1）清洁除污 2）制定清洁周期	操作工	√		6月10日	6月10日	
3	出水口	地上有水现象	□	6月1日	王五	未及时排出	已用管子接出外面	设备部		√	6月10日	6月10日	
4	水管排水不畅	有污渍、水迹	○	6月1日	张三	不利于清洁打扫	制作一个新工具	设备部		√	6月10日	6月10日	
5	模头	有剩料	○	6月1日	李四	清洁不彻底	1）切底清洁，吹净残余料 2）制定清扫周期	操作工	√		6月10日	6月10日	
6	设备无编号	操作不便	○	6月1日	王五	未贴标识	已通知设备部	设备部		√	6月10日	6月10日	
7	蒸汽桶内	有脏物	□	6月1日	张三	未制定放置线、未贴标识	1）及时擦拭油污 2）制定清扫周期	操作工	√		6月10日	6月10日	

（续）

设备名		S-4018 双螺杆挤出机											
序号	部件或部位名	现象（内容）	不合理区分	发现日	发现者	原因	对策或建议	实施者	解决区分 自己	解决区分 支援	解决日期 计划	解决日期 完成	备注
8	真气小天窗	有较多污迹	□	6月1日	李四	长时间未清洁	1）及时清洁 2）定期检查	王林	√		6月10日	6月10日	
9	布袋套	有粉尘	▲	6月1日	王五	未及时清理	定期清理	王林	√		6月10日	6月10日	
10													
11													

注：缺陷/发生源/困难部位：〇缺陷 □发生源 ▲困难部位。

2）WHY-WHY 分析。利用 WHY-WHY 分析开展个别改善如图 8-28 所示，WHY-WHY 分析中的要因判断如下：

- 主要原因：根据 80/20 法则，需要做出对策。
- 次要原因或影响微弱的原因：根据 80/20 法则可暂时不用处理。

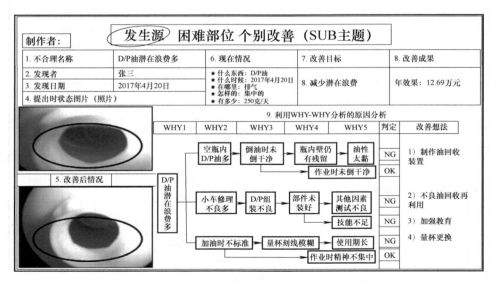

图 8-28　利用 WHY-WHY 分析开展个别改善

3）循环改善如图 8-29 所示，是一种追求创意、不断改善的工具。改善无所谓最完美，改善过程都是不断完善的过程。

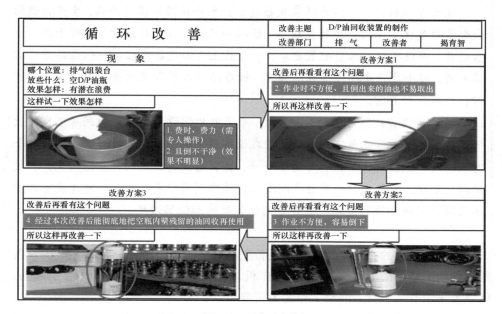

图 8-29　循环改善

4）开发专用清扫工具，这个在前文已经详细介绍了。

8.4.4　自主保全第三阶段（STEP3）：编写清扫、润滑、点检临时基准

通过设备初期清扫活动，设备面貌发生了巨大变化，设备性能得到稳步提高，员工也逐步对设备关注起来了；通过对设备两源的改善，也为员工做好持续的自主保全工作清除了一部分障碍，设备清扫的热情得以延续。

同时，也要认识到，光是凭借运动式的设备初期清扫活动是不可持续的，这时候需要根据清扫活动期间积累的经验，形成设备清扫的基准，明确清扫部位、清扫工具及方法，针对设备不同部位，确定不同的清扫周期，并通过清扫检查表对清扫活动进行日常点检。

在辅导企业的过程中，我们发现很多企业的生产员工是不做设备润滑工作的，设备注油润滑工作完全由设备维修人员来完成，这往往是设备故障频发的原因之一。

　　某大型拉链厂，专门为服装及箱包企业生产拉链等辅料产品，生产拉链的大部分设备体型不大，但数量众多，往往一位员工得同时看管、操作十到二十台设备，而设备维修人员配置更加少，往往上百台设备才配备一位设备维修保养人员。整个生产车间设备故障频发、设备维修人员每天就在不同设备之间穿行，处理各种异常。

　　通过对设备故障原因的分析发现，车间中80%设备故障是由润滑不良导致的，员工发现设备油量不足时，就坐在设备边上通知机修人员过来加油，整个时间、效率就损失掉了，有时为了赶产，会冒着油量不足的风险继续生产，故障就产生了。实际上，如果自主润滑工作落实到每位员工身上，发现设备油量不足时及时地加注润滑油，大部分的设备故障都能够避免。

　　世界能源大约有一半是消耗在设备摩擦磨损上面的，其中大约 80%的设备零部件的损坏是由于摩擦磨损引起的，机械故障的 60%是由于润滑不良引起的，所以推进生产员工自主润滑工作尤为重要。

　　编写设备清扫维持标准，并进行员工自主润滑工作的开展，建立自主润滑基准则是五星班组 TPM 第三阶段的工作。

　　对于 TPM 三个阶段的工作，完成第一阶段初期清扫活动，则已完成30%的自主保全活动，第二阶段两源对策实施完成后，则已完成了 60%。可见，自主保全活动的中心是第一、第二两个阶段。

　　1．STEP3（制定清扫、注油基准书）**活动的定义及注油的定义**

　　1）制定清扫、注油基准书活动定义：是制定有效地维持清扫（点检）、注油活动所需的可遵守的行动基准，并构筑设备基本条件的总结性活动。

　　有效地维持：在最短时间内完成目标的设备洁净度（干净）的维持清扫（点检）和缩短注油活动的时间。

　　可遵守的行动基准：

- 明确要遵守的内容和方法；
- 理解要遵守的理由和基准；
- 掌握能够遵守的能力；
- 有能够遵守的环境（时间、实施方法等）；
- 制定基准的人和遵守的人之间的一致性。

2）润滑管理和注油点的内涵（图 8-30）。

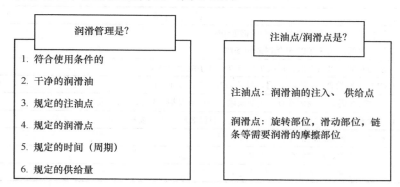

图 8-30　润滑管理和注油点的内涵

注油的作用：

- **摩擦减少**：防止金属和金属的摩擦面的磨损。
- **冷却效果**：吸收摩擦面所产生的热量。
- **密封效果**：防止摩擦面的空气渗入。
- **防锈效果**：减少金属面与湿气、空气的直接接触，防止生锈。

2．STEP3 的目的和目标

1）自主保全 STEP3 的目的（表 8-19）。

表 8-19　自主保全 STEP3 的目的

活动内容	• 设备的洁净条件的维持 • 消除因注油不合理导致的故障 • 设备基本条件的完备
设备的目的	• 防止灰尘、污染附着在材料、产品、设备上 • 变为大缺陷之前，在微缺陷阶段就处理 • 注油不合理点的改善
人的目的	• 学习机械的动作、加工原理 • 制作润滑系统图时，学习和了解设备的结构、性能及润滑系统 • 根据获得的成果和体会，自己制定能够遵守的基准

2）STEP3 的目标（表 8-20），主要是制作能够在最短时间内进行清扫、点检、注油的行动基准，消除注油（润滑）不良。

表 8-20　自主保全 STEP3 的目标

序号	目标的内容
1	清扫时间：比 STEP2 结束时再缩短 50% 注油时间：比 STEP3 开始时缩短 50%
2	活动时间：每周 1 次、每次 2 小时以上（小组全员活动）
3	OPL 点滴教育：4 件以上/月，设备 OPL：2 件以上/月
4	注油发生源、注油困难点、注油缺陷、疑问点发掘：1 件以上/（人·月）
5	注油发生源/困难点/缺陷/疑问点解决：自己 80%以上，委托 20%
6	润滑、注油系统图的制作：2 件以上/月
7	清扫、点检、注油统合基准书完成
8	清扫、注油工具的开发：2 件以上/月

3. STEP3 的推进方向（图 8-31）

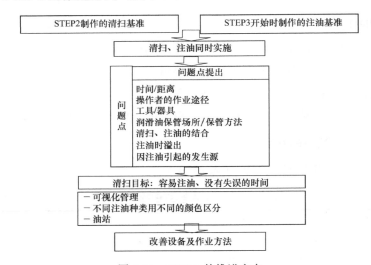

图 8-31　STEP3 的推进方向

4. 注油活动开展的流程

1）活动计划的制定；

2）注油教材的制作；

3）注油培训的开展；

4）注油实践活动的开展；

5）注油可视化（假基准书的制定）；

6）注油技能考试；

7）注油内容移交。

5．注油活动具体实施说明

1）活动计划的制定可参考下表 8-21。

表 8-21　注油活动计划表

注油活动计划表		小组名：										组长确认：						
步骤	项目	7 月				8 月				9 月				10 月			
		1 周	2 周	3 周	4 周	1 周	2 周	3 周	4 周	1 周	2 周	3 周	4 周	1 周	2 周	3 周	4 周
1	注油活动计划制定		→														
2	注油教材制作				→												
3	开展教材培训						→										
4	注油工具和部件实操培训								→								
5	注油可视化										→						
6	理论及实操考试												→				
7	注油移交																

注：红色箭头线代表计划完成时间；黑色箭头线代表实际完成时间。

2）选定样板设备。刚开始实施注油活动时，不宜全面展开，需要以样板设备先开展活动，待积累经验后再全面水平展开。

3）与设备保全人员共同探讨。注油样板设备的选择需要设备保全人员共同参与探讨，从实施的难易度、安全的角度进行综合考虑，一般刚开始时适合选择较易注油的设备及部位（不需要登高、无高温、存在较少安全隐患的设备及部位）。

4）注油教材的制作。注油教材包括两部分：通用基础知识教材和专用教材。

对于通用基础知识教材，教材编制大纲及要领如下：

- 注油管理的目的及润滑的作用；
- 注油润滑的油种；
- 注油工具及使用方法；
- 注油设备（照片-部位/名称/作用）；
- 注油注意事项；
- 注油的状态及注油部位不合理判断。

案例

　　某公司对各种常用油种进行整理，并做成表格纳入到通用教材之中（表8-22）。

表8-22　油种统计表

油种	规格	油种	规格
机油	15#、32#、46#、68#	齿轮油	70#、LCKC220、LCKC320
锭子油	7#	航空煤油	
柴机油	18升/桶、4升/桶	黄油	
分离机油	CLP46，2.5升/桶	壳牌润滑脂	WT3，1.8公斤/桶
空气压缩机油	46#壳牌、100#、SULLBE32	二硫化钼	3#
螺杆压缩机油		美孚润滑脂	DTE、MP
液压油	HL32	锂基脂	0#、3#
透明油	32#	2#润滑脂	

　　同时，针对每种常用油品，整理出"油品说明书"，以便于让生产员工更好地学习与掌握，为自主润滑打下知识理论基础。油品说明书式样参见图8-32。

抗磨液压油说明书

油品名：抗磨液压油　　　　　　　　　　外包装　　　去除包装
序　号：BYDRM1001　规格：46#
状　态：液态　　　颜色：浅黄色，半透明
适　用：主要用于重负载、中压、高压的叶片泵、柱塞泵和齿轮泵的液压系统；用于中压、高压工程机械引进设备和车辆的液压系统；也可用于中等负载工业齿轮的润滑。

特点：
1. 具有良好的抗氧化性
2. 具有良好的抗泡沫性
3. 具有良好的抗乳化性

使用注意事项：
1. 保持液压系统的清洁、及时清除油箱内的油泥和金属屑
2. 严禁水分进入液压系统，液压油水分控制在0.03%以下
安全注意事项：
1. 接触皮肤，脱去污染衣物，用水冲洗暴露部位，并用肥皂进行清洗
2. 若接触眼睛，需用大量水冲洗眼睛，如刺激持续，求医
3. 吞食，不要催吐，用水涮口并就医

图8-32　油品说明书

　　对于专用教材，是指针对所在小组（所选设备），要编制具体的实操培训教材，包括使用的注油工具，具体注油点部位展示，注油方式、方法等。

5）注油培训的开展。

- 理论基础知识培训。
- 专用教材培训。
- 现场实操培训。例如图 8-33 注油工具使用培训，图 8-34 注油部件实操培训。
- 注油实践活动的开展。
- 注油可视化（基准书的制定）。

图 8-33　注油工具使用培训　　　　图 8-34　注油部件实操培训

华润怡宝利用专用教材（图 8-35），培训员工。

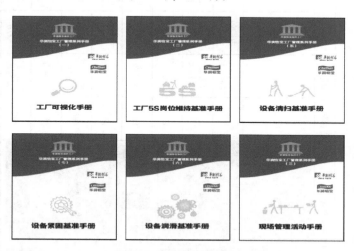

图 8-35　专用教材

注油可视化包括注油工具、油品及注油点的可视化及润滑标准（图 8-36）的制定等。

×××车间注油作业基准书

版本：SSBPZY 3.0

日期：2019年7月8日

设备名称：粗洗机　　设备型号：LQC72

制表部门：A线

加油部位简图

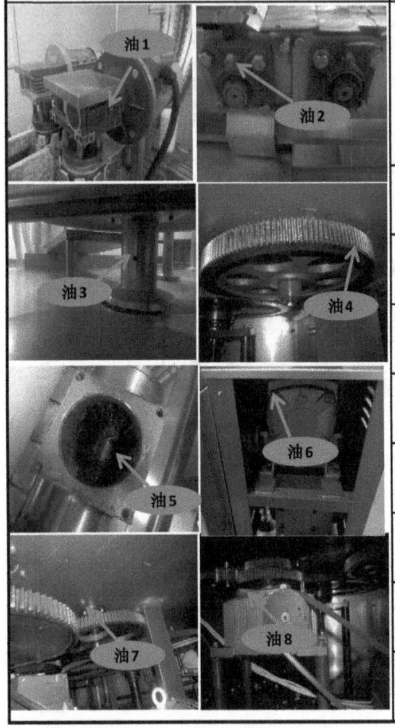

序号	部位	基准	油种	工具	方法	加油时设备状况		周期	时间/小时	目的明确化				
						运转	停止			5S	品质	安全	可靠性	其他
油1	垂直输送带减速机	内腔的3/5	齿轮油N220	油枪	用油枪缓慢滴加		●	每月	133					√
油2	输送带头轮轴承	有新油渗出	复合润滑脂XHP220	黄油枪	用油枪缓慢填充	●		每季度	1596		√			
油3	拔轮主轴套	滴注2滴	32#润滑油	油枪	用油枪缓慢滴加		●	每天	19				√	
油4	主轴齿	表面形成薄油膜	复合润滑脂XHP220	油刷	用油刷涂抹，保持均匀		●	每半个月	266	√				
油5	绞龙伞齿	内腔的2/3	复合润滑脂XHP220	黄油枪	用油枪填充		●	每月	532					√
油6	输送带减速机	内腔的3/5	齿轮油N220	软嘴油枪	用油枪缓慢滴加		●	每月	532					√
油7	过渡齿	表面形成薄油膜	复合润滑脂XHP220	油刷	用油刷涂抹，保持均匀		●	每半个月	266			√		
油8	粗铣机主减速机	内腔的3/5	齿轮油N220	软嘴油枪	用油枪缓慢滴加		●	每月	532	√				

图 8-36　润滑标准

6）注油技能考试，理论考试如图 8-37 所示，实操考试图 8-38 所示。

图 8-37　注油理论考试

图 8-38　注油实操考试

7）注油内容移交，移交书如图 8-39 所示。

××小组注油移交书

××小组的××设备日常注油管理工作从××年××月××日起移交给生产方接管，生产方按照提供的注油基准（三现地图）进行注油（提供给生产方的注油基准书共：×套）。

设备工程师无条件地提供技术指导和援助！移交项目中不包括以下注油项目：

　　××设备的××部位和××部位的注油项目。

交出方：　　　　　　　　　　接管方：

日期：　　　　　　　　　　　日期：

图 8-39　注油移交书

8.4.5　自主保全第四阶段：总点检

通过前面三个阶段活动的开展，员工基本掌握了设备自主保全中重要的两个技能：设备清扫及设备自主润滑，到了第四阶段，对员工提出了更高的要求，不但要在第一阶段开展设备初期清扫过程中发现设备的不合理问题点，同时要求员工进一步了解设备功能构造，并能够制定实现自我遵守的点检标准，进行设备总点检工作，下面对总点检做简要介绍。

1. 总点检概述

1）总点检是 STEP3 中以设备技能为中心的活动，可进一步扩散至设备部件。

- 学习构成设备系统的结构、功能及正确的操作方法。
- 成为"由熟练的设备操作者"提升为"工序熟练的技术者"的过程。
- 点检各部位的所有部件，确保设备部件的可信赖性。
- 把全部潜在的微缺陷显现出来，然后登录（记录）。
- 以原有的状态"满足必要、充分的条件的状态" 进行"复原/改善"。

2）总点检使所学的技术能够体系化， 日常点检能够完善。

- 从根据五感找出缺陷的层次再提高一个层次；
- 正确理解设备的结构/功能；
- 掌握关于设备的知识和功能；
- 按照原理和原则进行日常点检。

3）通过总点检，培养熟悉设备的操作者。

操作者最需要的是具备"发现异常的能力"，如图 8-40 所示，即具有对品质或设备感知异常的能力，并且采取"事前防止的措施"。

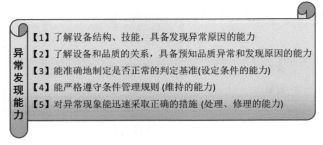

图 8-40　发现异常的能力

2. 总点检的目的

1）人员方面：

- 通过训练实施点检教育，学习设备的结构、功能、判定基准， 掌握点检技能。
- 学习简单的不合理处理方法。
- 收集/分析点检数据过程中，学习数据管理的重要性。

- 理解设备的结构和原理。
- 理解工序、过程、程序的原理，执行正确的操作、调节及运转。

2）设备方面：

- 复原技能部位劣化不合理，提高信赖性。
- 彻底进行点检困难部位改善及目视管理，使设备点检更加容易。
- 彻底消除微缺陷，使设备脱离劣化。
- 点检的进行要一目了然，要达到"目视管理"。
- 逐渐变化为设备原来的状态。
- 落实为能及时预防设备损失的现场。

3．总点检的三种设备系统

各工厂的各种设备，基本由"形成加工点的系统""决定加工点位置的系统"和"维持加工点连续性的系统"三种主要设备系统组成。

三种主要设备系统（图 8-41）是由加工条件系统和六系统（润滑系统、油压系统、空压系统、驱动/传动/运动系统、电器控制系统、连接部件）组合而成的。

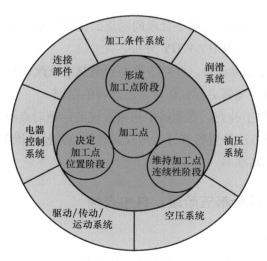

图 8-41　三种主要设备系统

加工点和六系统的定义如下：

1）加工是指对材料进行变形、变质、分解、组合等。其中变形、变质、分解、组合过程是围绕加工点而持续进行移动的。即，加工点是指制品在设备稼动中接触的点。

2）润滑系统：使摩擦部位柔和运转，起减小摩擦或防止变形作用。

3）油压系统：在直线运动中，使加工点依据油压柔和运转。

4）空压系统：依据空压使加工点柔和运转。

5）驱动/传动/运动系统：起驱动、传递动力、实现动作的作用。

6）电器控制系统：转换电能源，决定加工点位置，保持连续性，与三种主要系统都相关。

7）连接部件：使构成设备的许多部件与设备本体相接合，保证各系统正常运转。

4．总点检活动流程

1）活动对象明确化。确定做总点检活动的设备，制定教育培训计划。

2）设备理解及自我水准评价目标树立。树立自我水准评价及目标，进行总点检知识的培训教育，对设备条件进行调查。

3）总点检不合理指出。员工对自己负责区域内的设备实施总点检，查找不合理问题点。

4）复原及原因分析。制定不合理问题点的复原计划并按计划实施，支援部门参与，对问题点进行 WHY-WHY 分析。

5）改善实施及水准评价。针对改善类问题制定技改计划并按计划实施，优秀改善做成重点改善案例进行宣传，营造改善的氛围。

6）点检基准修正补充。在实践中根据发现的问题对点检基准书进行修订，如对频次、部位及方法等进行修订，形成最终的总点检基准书。如图 8-42 所示为测试设备总点检基准书。

8.4.6　自主保全第五阶段：自主点检

1．自主点检的定义

为了保持在前面四个阶段中对设备劣化进行过复原的部位的持续改善，进一步提高设备的可靠性、保全性和产品品质，要重新研究前一阶段制定的清扫基准、注油基准、总点检基准，开展高效率点检和无失误点检，这种自主完善的活动被称为自主点检活动。

品质部测试分析仪设备点检标准

设备厂家	设备型号	文件号	版本	执行日期	制定	审核	批准	责任担当
BTi	LIS-R2PL测试分析仪		V1.0					

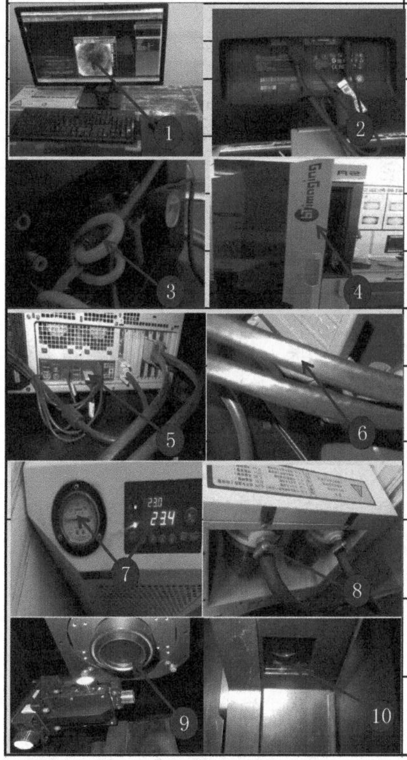

No.	部位	点检项目	点检标准	点检作用	点检工具及方法	点检时设备状况：运转	点检时设备状况：停止	周期	注意事项	操作	维修
检1	显示器	图片显示	摆放端正，显示器无缺图现象		目视	●		1次/班		●	
检2	显示器	连接线	连接牢固、无松动		目视，手触	●		1次/班			
检3	主机	气管	无松动、无脱落、不漏气		目视，手触	●		1次/周			
检4	主机	舱门	可正常开启关闭		目视，手触	●		1次/班			
检5	连接线	主机、显示器、工控机、电源之间	连接牢固、无松动		目视，手触		●	1次/班			
检6	连接线	连接线外观	无破损、裸露，绝缘良好		目视，手触		●	1次/周			
检7	冷水机	压力表、温度表	冷水机压力表显示是否在0.8～1.2之间，温度保持23±1℃		目视	●		1次/班			
检8	冷水机	冷水管	无松动，无脱落		螺丝刀目视，手触	●		1次/班			
检9	样品仓	相机镜头	无灰尘，未破碎		目视		●	1次/班			
检10	样品仓	激光镜头	无灰尘，未破碎		目视		●	1次/班			

图 8-42 测试设备总点检基准书

2．自主点检的目的

1）设备（物）方面：

- 点检的高效率化改善。
- 点检的失误预防性改善。

2）员工（人）方面：

- 初步体验自主管理。
- 掌握效率改善技能（IE 技法与 KPI）。

3）自主点检的方向和目标：

- 设备 MTTR 减半。
- 缩减点检总时间。
- 故障零化部位挑战。

3．自主点检的活动要点

1）重新检讨点检管理项目。为了实现故障零、不良零的目标，重新对清扫基准、注油基准、总点检基准（包括品质点检基准）进行研究。

- 将以前发生的故障、不良、点检失误的再发防止对策点，设定为自主管理点检的基准。
- 合并清扫基准、注油基准、总点检基准互相重复的点检项目。
- 避免点检集中于某天。要把点检周期、点检时间、点检顺序等分散错开，做到业务均衡有序，避免过于集中而马虎点检。
- 在可视化方面下功夫，重新审查改善。

2）对点检项目明确分工。设备保全部门要制定年度保全日历，还要制定日常点检基准、定期检查基准、更换基准、大修基准等。设备固有的日常项目的点检虽然由生产部门来负责，但设备保全部门有必要进行交叉点检，保留少量重复但重要的点检项目。当然每个项目的实施，均需要明确到具体的担当者。

3）确定点检周期。随着自主管理开展的深入，点检项目、点检时间越来越多，这属于正常现象，有时会出现日常点检不能实施的情况。举例来讲，到第三个阶段结束时，点检时间为 12 分钟/次，但是到了第四、第五阶段时，会增加到 120 分钟/次，为了保证生产，点检有时只得停止。因此，在第五阶段制定点检基准时，有必要进行检讨，重新设定点检次数。图 8-43 所示为班组的自主点检看板。

图 8-43　自主点检看板

自主管理点检周期分每日、每周、每旬、每月等。每日点检针对的是为防止安全、品质、故障方面万一会发生大问题而必须进行的确认事项，这样事项的点检绝对不能沦为形式主义。点检项目的周期，一般根据运转、保全人员自己的经验或该设备异常发生的情况来协商决定。

4．自主点检的活动顺序及推进方向

1）自主点检的活动顺序如下：

- 重新讨论清扫、注油标准。
- 重新讨论总点检项目的点检标准。
- 与专门维护的检查标准相比较。
- 通过人的五感判断内部劣化导致的异常现象。
- 重新讨论总点检项目的自主点检维护标准。

2）自主点检推进方向：

- 根据 STEP4 的总点检结果，反复进行添加、修正等工作，仔细修改清扫、点检、注油标准，最终制定本标准。
- 特别是对产品质量造成影响的设备项目，要注意不要遗漏和重复。
- 让组员及全体员工理解应该做什么和不做这些会导致什么后果等问题，确保实现故障零、不良零的目标，要制定相关的行动标准。

- 在 STEP4 的过程中，包括标识螺钉的重叠线，统一润滑油种类，设置油罐、阀门，安装移动油量计和水平计等。

- 实施分类传达教育和对组员的评价，通过对相关设备的现场培训，提高操作人员的能力。

- 对各个项目进行详细、明确的检查，进行小规模改善和对难点部位进行改善。

第 9 章

全员人才培养 TPT

造物之前先造人！

企业的核心竞争力之一，是建立一个全员参与、持续改善的组织，建立一种全员参与、持续改善的文化。所谓改善，是指动脑筋想办法，改变传统的做法，发现浪费，提高生产率和降低成本等一系列活动。由此可见，改善是建立在尊重人和培养人的基础上的。

虽说企业应该是培养人的地方，但还是有很多企业不注重人才的培养，在景气的时候对员工进行教育和培训，不景气的时候就裁员，甚至有些企业完全没有对人的培养和教育。

丰田无论在什么时候都很注重人才的培养，培育一种员工都能热心解决问题、改善问题的体制，特别是坚持贯彻三现主义的思想。

——大野耐一

丰田最优秀的地方就是五十多年来，全公司上下都很重视人的培养，让员工养成热衷于思考问题、解决问题的习惯，并且作为组织，建立起了能够将这些想法都活用到工作中的体质。就像锻炼身体，肌肉就会发达一样，对头脑进行训练，智慧就会增长。

我们认为"培育人"的关键是价值观的传承，即向后辈传达看问题的方法，在现场和看见现场时让后辈理解这是好的、这是重要的。我们还认为坦率地去看问题、理解问题，关系到个人的成长。

——张富士夫（1999—2005 年 丰田汽车社长）

丰田坚持"造物先造人"，其中的造人是培养员工的问题意识和改善技能！

如果说，五星班组内涵的七个模块（见 2.4.1 节），哪一个最重要，我们认为应该首选全员人才培养，通过人才培养，构建微型学习型组织。也可以说，整个五星班组建设过程，就是一个基层人才培养的综合管理过程，就是一个微型学习型组织的打造过程，就是迈向决胜基层的现代企业的过程。

全员人才培养（Total Personal Training，TPT），是五星班组建设中全方位赋能管理者和员工的模块。

管理者的层级课程分为管理和改善两条主线，就像人的任督二脉（图 9-1），这两个系列的培训分别打通的是管理者的管理技能和精益改善技能。

图 9-1　管理者的任督二脉（管理与改善）

本书主要介绍全员人才培养 TPT 的五部分内容：班组长的管理技能与 TWI、精益黄带及内训师培养、班组层面的员工自主提案、班组主题改善活动、基层员工的技能道场。

★★★★★　9.1　班组长的管理技能与 TWI　★★★★★

在现代企业中，班组长是一个脱产的管理岗位，除了操作技能、产品知识以外，掌握最基本的管理技能，是任何一名班组长的岗位基本资格，即打通管理者的"任脉"。

TWI 是最早的班组长管理技能的资格课程。

TWI（Training Within Industry），即产业内督导人员的训练，或称一线班组长/主管管理技能培训。源于第二次世界大战后，美国生产局帮助重建日本经济，发现日本技术劳动力潜力极为雄厚，但缺乏有效的督导人员，故引进了 TWI，培训了大量的督导人员。日本政府认识到此培训的重要性，组织企业成立了日本产业训练协会，并由日本劳动省大力推广，对第二次世界大战后日本经济得以迅速崛起起到了极大的促进作用，对日本产业的发展做出了重大的贡献。

TWI 是实施 TPS、TPM、5S 等各项工具和系统的基础。日本丰田公司总裁曾说，TWI 是丰田生产模式中最重要的环节之一；VSM 的创始人 John Shook 极其推崇 TWI，认为 TWI 是丰田生产体系成功的关键。TWI 现已是各个国家训练企业督导人员的必备课程。

TWI 主要包括四个模块内容，如图 9-2 所示 。

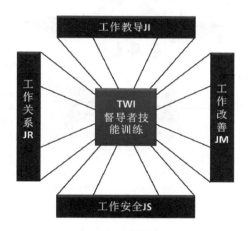

图 9-2　TWI 四大模块

- 工作教导（Job Instruction，JI）——使基层主管能够用有效的程序，清楚地教导部属工作的方法，使部属很快地接收到正确、完整的技术或指令。

- 工作改善（Job Method，JM）——使基层主管能用合理的程序，思考现场工作上的问题与缺失，并提出改进方案，提升工作的效率与效能。

- 工作关系（Job Relation，JR）——使基层主管平时与部属建立良好的人际关系，在部属发生人际或心理上的问题时，能冷静地分析、合情合理地解决。

- 工作安全（Job Safety，JS）——使基层主管学习如何使类似灾害事故绝不再犯的对策和方法。

现代企业对班组长的要求越来越高，除了 TWI 以外，他们还需要掌握更多的管理技能，我们把这些技能整合成为基层管理技能的五大模块（图 9-3）：自我管理、业务管理、工作管理、人员管理和团队管理，一共近 50 项内容。

图 9-3　基层管理技能五大模块

在现代企业中，班组长除了要具备基本的管理技能以外，在精益改善方面需要达到精益黄带的要求。

★★★★★　9.2　精益黄带及内训师培养　★★★★★

9.2.1　精益人才培养体系

在五星班组建设过程中，新员工必须通过"员工技能道场+现场"的培训，六个月以上的老员工必须通过精益蓝带的培训和认证，而五大员和班组长必须通过黄带的培训及认证。所有这些基层管理者和员工的培训，是企业精益人才培养体系（图9-4）中的一部分。

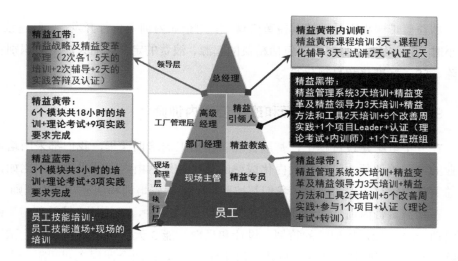

图 9-4　精益人才培养体系

9.2.2　精益黄带及精益蓝带

精益黄带和蓝带课程，能打通管理者和员工的"督脉"，使他们蜕变为精益人才。

精益黄带课程是企业基层管理者必备的改善技能，通常包括六大模块（图 9-5），3 天 18 个小时的培训和 9 项实践。这个课程根据班组长倒班工作的特点，一般不需要连续 3 天培训，而是可以按模块选修，3 个月内完成全部课程和 9 项实践。与其他所有精益课程一样，精益黄带课程可以根据企业的业务和管理者的现状定制。

图 9-5　精益黄带的六大模块

精益蓝带课程则是承接精益黄带课程，由企业内训师自行开发，一般建议3个小时、3项实践，主要内容包括精益的起源、浪费的定义、七大浪费的识别和消除、5S、标准化和目视化等。

9.2.3 精益黄带内训师和班组管理内训师

在五星班组建设过程中，基层管理者和员工的培训课程，我们都采用培训企业的内部培训师，带领他们内化成熟的课程，然后由内训师来讲授。比如，精益黄带和班组管理的课程，我们都按照以下流程先培训和认证一批内训师。

在精益黄带内训师的培训和认证流程（图9-6）中，成熟的"精益黄带"课程培训一般3天，培训师的策划、设计和呈现技能3天，课程开发3天，试讲演练3天，内训师认证3天。总共培训课程15天，每两个课程之间间隔一个月左右。所以一般情况下，半年时间培训认证一批内训师。

图9-6　内训师的培训和认证流程

"班组管理技能"和"员工职业素养"的内训师培训和认证流程与"精益黄带"内训师基本一样，只是第一阶段的课程不同而已。

而精益蓝带课程及精益蓝带内训师，则完全由企业精益黄带以上级别的培训师自行开发和培养。

到目前为止，我们在中国培训的精益黄带和班组管理的内训师遍布全中国，包括华润、华为、福耀、比亚迪、许继集团、卡尔蔡司、深圳地铁、沈阳机床和蓝思科技等数十家全球五百强和知名企业，总数超过2000人，仅福耀集团和华润创业就有近200人。

案 例

华润创业的"精益黄带内训师认证"，2013—2014 年（图 9-7）。

图 9-7　华润创业"精益黄带内训师认证"

 案 例

华为"基层管理者内训师"，2015 年（图 9-8）。

图 9-8　华为"基层管理者内训师"

案例

许继集团的"精益内训师"，2012年（图9-9）。

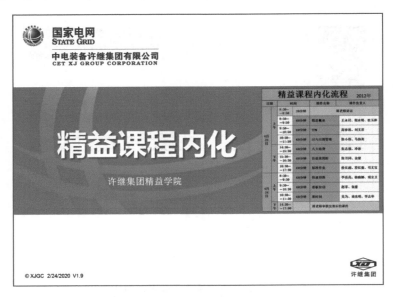

图 9-9　许继集团"精益内训师"

 案例

卡尔蔡司的"员工职业素养提升内训师"（图9-10）。

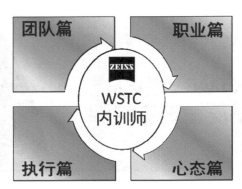

图 9-10　卡尔蔡司"员工职业素养提升内训师"

★★★★★ 9.3 要自主提案，不要合理化建议 ★★★★★

9.3.1 什么是改善提案

改善提案是指公司内的个人或团体在生产、技术、品质、材料、财务、管理等公司的全部活动中，把自己认为对公司有益的研究、发明、创造、改进、构思等都提出来，作为改善提案，写在改善提案用纸上。简单地说，只要是对公司经营有利的革新都应作为改善提案提出来且实施，并书写在规范的提案报告书上，就是一份提案。

改善提案与合理化建议的差异：改善提案活动鼓励提案者（个人或团体）自主实施，也就是说，改善提案是自己提自己（和团队）改善，而且是改善完成后才写提案；合理化建议，往往是将自己觉得不合理的地方提出来，大部分不是自己实施改善。

日本企业对改善提案的执着程度，全球无与伦比，下面分享一个改善提案的小故事。

【故事】一位哈佛教授在讲课时，做了一次互动。他准备了一只底部漏了一个洞的玻璃杯和100美元。请上来分别来自中国、德国、美国和日本的4位学生。告诉他们："谁能够用最好的方法使杯子能够使用将获得100美元。"

德国的学生告诉教授把杯子漏洞堵上就可以使用了，因为我的技术过硬，堵好了以后确保它十年不漏。中国的学生告诉教授换一个杯子吧，它不值100美元。美国的学生马上自己投入研发，表示要使用最先进的材料和技术将杯子复原。而日本的学生则说："我会拿出50美元来征集更多的方法，然后再选择最好的。"

这个故事当然是虚构的，有点无厘头。但是，它从一个侧面告诉我们，日本人和日本企业更喜欢"更多的答案、更多人的智慧"这种思维方式，而在星级班组活动中也特别强调每一个人的改善力量。

在丰田，改善提案又叫创意功夫，最早可以追溯到1949年石田退三的"造人运动"；后来，丰田英二借鉴福特公司的"动脑筋创新"制度，开创了丰田的

"创意功夫"活动，并进行奖励（图 9-11）。从此，丰田员工的改善提案一路取得了惊人的成绩。2000 年，丰田员工的改善提案共计 65 万条，人均 11.9 条；至今，丰田公司的人均提案都在 12 条以上。

丰田"创意功夫"奖励
- 按等级划分：奖金500～100000日元不等
- 享有专利权的以公司名义保存，给予大奖
- 奖励度假、旅游、钓鱼等活动
- 优秀提案每月开表彰仪式，公司颁发表彰证书
- 每年表彰获奖最多、提案最多的人
- 对连续三年获得年度表彰者颁发证书和纪念品
- 获得国家科学技术厅长官奖等

图 9-11 丰田对创意功夫的奖励

我们在 2016 年开始系统辅导福耀集团的五星班组，他们 2016 年的人均提案是 0.6 条/人。到三年多以后的 2019 年，福耀集团的改善提案是 5.8 条/人。在我们辅导过的中国本土企业中，5.8 条/人已经非常高了。

贵公司人均改善提案是多少呢？记住，一定要是完成自主改善的才算。

图 9-12 所示为企业的 TPM 改善提案活动运行启动仪式。

图 9-12 TPM 改善提案活动运行启动仪式

9.3.2 改善提案的作用

1. 员工的广泛参与

1）员工的广泛参与对经营目标的贡献是难以估量的，几百双眼睛要比管理者的几双眼睛更能看到问题！

2）员工对企业的广泛关注是企业凝聚力的保证！

2．培养"独立思考、积极进取、精益求精"的员工

1）个人层面：为解决问题悉心钻研、提出方案、实施改善、实现目标、得到奖励、自我成长。

2）公司层面：创造出成果，通过改善使企业直接获得效益（提升效率、提升品质、降低成本等）；创造易于劳动的工作场所，不断发现问题点，通过改善使劳动场所趋于完美；提高工作场所的活力，通过提案活动加强上下级沟通（上司与下属之间，提案者之间）。

图 9-13 所示为为企业年度改善提案奖颁奖现场。

图 9-13　企业年度改善提案奖颁奖现场

3．关于改善提案的误区（错误认知，阻碍改善提案的持续推进）

● 误区 1：设立提案箱或意见箱，由员工自由提案；

● 误区 2：按比例发放奖金或重奖提案者；

● 误区 3：为了公平，由委员会对所有提案进行评级；

● 误区 4：根据部门业务性质区别对待；

● 误区 5：认为那些分内工作的提案不应给予奖励；

● 误区 6：员工抱怨太多，提案活动没有什么好处。

走出误区是激活改善提案活动的关键！

9.3.3 改善提案的范围

1. 改善提案来源

改善提案的来源（图 9-14）是员工的日常工作，丰田公司把它整理为三个主要的方面：

1）ムダ（muda）：浪费，就是我们精益管理中说的七大浪费。

2）ムラ（mura）：不均衡，就是时多时少，波动较大。

3）ムリ（mu li）：过载，设备过载停机，或者工作量超出了员工的承受能力。

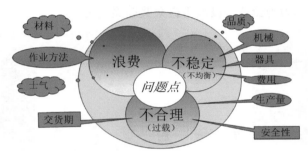

图 9-14　改善提案的来源

在材料、作业方法、士气、交货期、品质、机械、器具、费用、生产量、安全性等方面查找浪费、不稳定、不合理，将会发现一个企业的问题点是无限多的，**没有不存在问题的企业！**也可以从 PQCDS 的结果倒推来梳理，见下表 9-1。

表 9-1　改善提案梳理表

活动类别	主要改善主题
P 生产效率改善	设备效率改善
	劳动生产率改善
	材料等投入损耗减少
Q 质量改善	慢性不良减少
	检查效率改善
	供应商质量改善
C 成本改善	各类损耗减少
	失败成本降低

（续）

活动类别	主要改善主题
D 交货期及周期改善	计划达到率改善
	生产周期缩短
S 安全、卫生及环境改善	垃圾分类处理和资源再利用
	节能降耗活动
	事故、灾害消灭活动

2. 在丰田，不倡导的提案事项（图 9-15）

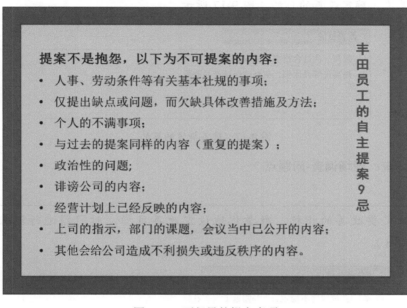

图 9-15　不倡导的提案事项

9.3.4　提案过程"五字诀"

下面通过案例用"五字诀"来说明改善提案的创造过程。

改善提案创造过程的"五字诀"是"选、查、改、算、想"。

1. 选：主题选定-明确改善目的

我们用一个真实的案例来说明。

首先，选定改善区域和主题，如图 9-16 所示。

480油封钻孔位置度改善

发表部门：技术部
发表人：金**
改善区域：总装
改善时间：2017年9月10日

图 9-16 改善提案的区域和主题

其次，确定改善的目的，图 9-17 所示。

1. 改善目的

1）提高一次性合格率，减少返工。
2）提高优等品比例，更好地保证产品质量。

图 9-17 改善提案的目的

2. 查：现场调查-问题点

选定要改善的指标，数量化地设定改善目标，对问题进行现状调查（图 9-18 ）。

2. 现状及问题点

1）Φ7.3孔位置度不稳定，20%需返工（扩孔）。
2）钻孔夹具推进支架倾斜，配合间隙过大。
3）钻套磨损。

图 9-18 现状调查

3. 改：制定改善方案并实施

画出改善流程图，列出哪些是主流，哪些是支流；对造成现状的原因进行分析，制定改善方案并实施，填写"改善成果表"中的改善前后资料（图 9-19）。

3. 主要改善内容

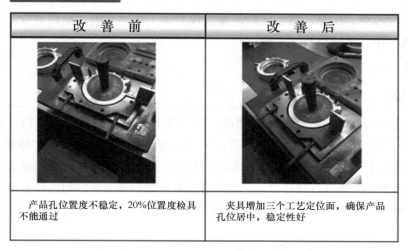

改 善 前	改 善 后
产品孔位置度不稳定，20%位置度检具不能通过	夹具增加三个工艺定位面，确保产品孔位居中，稳定性好

图 9-19　制定改善方案并实施

4．算：改善效果计算

每一份提案都要进行改善效果计算（图 9-20），鼓励员工积极参与。

4. 改善效果

有形效果	无形效果
1）减少返工20%： 返工、再检测费用每只0.5元， 按每月10000只计算，每月节约成本： 10000＊20%×0.5=1000（元） 2）每年减少损失： 1000＊12=12000（元）	1）提高良品比例； 2）减少客户投诉和质量评级扣分。

图 9-20　改善效果计算

有形效果：指通过一个改善之后，能用货币计算的经济效果，如创造了利润、减少了成本、减少了浪费、减少了投资等，一般以年为计算单位。例如：水电气等能源节省、材料费节省、入工费节省、消耗修缮费节省（配件、备件、劳保、办公用品、修理费等）、物流费用节省等。

无形效果：指一个改善之后难以用货币来计算的经济效果，但对其他方面有了很大改变。例如：减少环境污染、提高员工精神面貌、提高节约意识、改善作业环境、降低劳动强度等。

5．想：改善活动的感想

总结的时候有成果要想到团队，有问题时要注意查找自己原因。有了问题，不是怨天尤人，而是反躬自省。"行有不得，反求诸己。"这句话出自《孟子·离娄上》，它的含义是：事情做不成功，遇到了挫折和困难，或者人际关系处得不好，就要自我反省，一切从自己身上找原因。多应用改善提案活动感想（图 9-21）的方式，我们平时的做法就不会与先贤背道而驰了。

图 9-21　改善提案活动感想

9.3.5　改善提案的收集与评价

提案初审由提案申请班组执行，并对提案的有效性提出初步意见；班组值班主任或班组负责人收集本组员工提出的改善提案，汇总并填写采纳意见；提案经过所属厂长或经理审核后，于每月作业提交截止日期之前，提交到推进室；对于重点提案，由提案申请部门填写"重点提案申报书"于各厂/各部门每月作业提交截止日期之前，收集各班组重点提案（电子版），初审后提交到推进室。

每月推进室负责组织重点提案发表，评审组现场评分、点评，提出提案中存在的问题与不足，并给予指导性建议，必要时提供相应资源；评审组根据提案改善的类型，进行分层归类，并在公司范围内公示评审结果；公司评审组由质量、生产、设备、财务、人事及推进部代表组成；总经理担任评审组组长，评选对应类别的提案时，可邀请交专业人员参与评价；推进室每周随机抽取一般提案进行现场审查（每月每班组抽查不少于 3 条），对于推进室抽查一般提案发现提案与实际不符或其他弄虚作假的情况，将对班组组长给予通报批评，本月该班组改善提案得分以 0 分记。

9.3.6 改善提案的实施和评价流程

站在组织的层面，每个企业都要有自己的提案实施和评价的流程。

某企业的一般提案和重点提案实施和评价流程（图 9-22）。

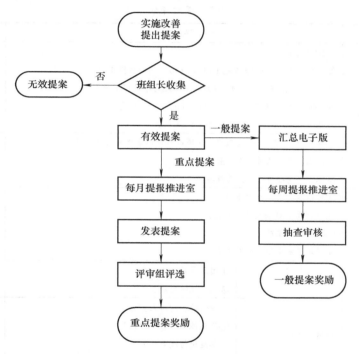

图 9-22　改善提案实施和评价流程

备注：这里的"班组长"指五星班组的负责人，也可以指现场管理者，包括工程师、值班主任、科长。

同一内容的提案采用"先提出先受理、后提出者不受理"的原则。但后提出者能具体证明其方案明显优于先提出者，则可一并受理并交提案管理委员会裁决。

9.3.7 改善提案的奖励

每个企业都应该建立持续有效的提案机制。所谓提案机制，是员工对自己的工作进行降低成本、提高效率、增强安全等对公司有利的改善建议，并用固定的表格将改善完的内容记录下来接受评审，根据评审的结果获得相应奖励的制度。

某企业改善提案的评分标准（表9-2）。

表9-2　提案评分标准

评价项目	评价基准		评分
有形效果 （20分）	①10万元以上		20
	②5万元以上不足10万元（15+以1万元为单位得1分）		16～19
	③1万元以上不足5万元（10+以1万元为单位得1分）		11～15
	④5000元以上不足1万元（5+以1000元为单位得1分）		6～10
	⑤不足5000元（以1000元为单位得1分）		1～5
无形效果 （20分）	①安全性、品质、劳动强度、环境或对外形象改善的效果明显		15～20
	②以上任意项改善效果一般		5～14
	③以上任意项可以看出有改善		1～4
波及效果 （15分）	①可以在公司内推广使用		11～15
	②可以在车间/部门内推广使用		7～10
	③适用于本工序		4～6
	④适用于本班组、个别区域		1～3
独创性 （15分）	独立性（5分）	①团队成员全体提案	3～5
		②独自性的想法	1～3
	创造性（10分）	①独创的、前所未有的	8～10
		②计划性的改善（对策）	4～7
		③单纯模仿改善	3
		④一般业务	1
活动评价 （30分）	①活动难度极高		6～10
	②活动难度一般		1～5
	①付出了极大的努力		3～5
	②一般性努力		1～2
	①改善效果长期有效		3～5
	②改善效果短期有效		1～2
	①自己实施		6～10
	②其他部门实施		1～5

某企业改善提案的奖励标准（表9-3）。

表9-3 提案奖励标准

提案种类	星级	分数	奖励金额（财务核算发放）
一般提案	—	<50	10元
重点提案	1星级	50~75	100元
	2星级	76~85	300元
	3星级	86~100	500~1000元（85以上每3分+100元）

9.3.8 如何产生更多有形效果的改善提案

企业需要多引导班组挖掘产生有形效果的提案。"不讲财务收益的改善都是耍流氓"这句话很多年前就听说过，当年体会不深，仅当成段子，一笑而过。前几天参加一位精益老前辈讲课，老前辈用一个快速换模的案例浅显易懂地为我们重新阐述了这句话，感受非常深刻，现在我们为大家分享对这句话的理解。

话说某公司冲压车间，一般设备换型时间需要1~2小时不等，为保证按时交货，冲压车间一般采取大批量订单生产方式，且至少保证1~2天的安全库存量，因此冲压车间到处堆积着各类冲压半成品。

某天该公司开始导入精益管理，并以冲压车间为试点生产线。经过外部咨询老师指导，决定以快速换模作为改善切入点。通过大家1个月的共同努力，设备换型时间基本可以控制在30分钟以内。

案例讲完了，试问各位，该改善是否有成效？相信绝大多数人回答是肯定的。因为换模时间从2个小时缩减到30分钟，改善效果很明显呀。但我们的答案是"NO"，因为生产制造模式没有发生任何变化，车间现场没有太多改观，物料依旧堆积如山。所谓的"变化"，仅仅是少数几位员工换模时间变短，有了更多的休息时间。在财务收益上没有任何体现，甚至因为改造费用支出，在财务收益体现上是负数，仅此而已。

为什么是这样的评价结果？从某种意义上说，通过快速换模技术，生产线换模时间从 2 小时缩减到 30 分钟，仅仅解决了精益改善技术层面的事，还有更深层次的管理改善——"改善兑现流程"需要实施，否则所做的改善没有财务收益，只不过是"耍流氓"。

1）改善兑现流程的第一步：有了快速换模技术的支撑，车间安全库存量能否从 1～2 天，下降到半天？车间生产日计划能否细分为半日计划？当生产车间安全库存由 1 天改为半天，意味着车间在制品将缩减一半，也就意味着车间在制品资金占用减少一半。作为一家中等规模企业，车间在制品减少一半，意味着企业流动资金可以多出好几千万元，这样的改善结果是可以令企业高管们激动好几晚上睡不着觉的。

2）改善兑现流程的第二步：对新的生产制造模式进行标准化，在企业流程制度中予以明确，并制定配套措施确保落地生根。同时对现有流程进行梳理，一些不增值的附加流程要大刀阔斧地删减，也包括对一些不增值的岗位进行优化调整。

3）改善兑现流程的第三步：及时激励与表彰，激发员工改善的激情与斗志，不断挖掘出新的金矿。

当然，改善兑现流程会更多涉及企业深层次的变革管理，会触动一些利益相关方的奶酪。作为精益推动者在推动实施前，一方面需要把精益改善技术层面的工作做充分，另一方面更需要企业管理者坚定的信心与壮士断腕的变革决心。

9.3.9　提案的分享和推广

推进室每季度定期组织优秀重点提案的进行分享、交流、学习，组织各车间、部门参加沟通交流会或者优秀提案发布竞赛（图9-23），学习优秀案例和先进个人事迹，促进全员参与提案。

五星班组改善的成功，是组织文化体系的成功，不能一下子就掉进精益管理方法和工具应用这样的操作细节，应该从一个班组和企业文化的高度来看待。这一点，从丰田改善提案的起源来看，更容易理解。丰田公司提出了"好主意、好产品"的口号，征求大家的好主意，广泛采用改善提案（创意功夫），激发全体员工的创造性思维和浓烈的改善文化，以改善公司的业务。

图 9-23　优秀提案发布竞赛

 案 **例**

　　福耀广州员工在现场发表提案（图 9-24），总经理带领公司高层参与并点评（激励和指导），对形成全员改善的班组和企业文化，有很大的推动作用。

图 9-24　员工在现场发表提案

　　当一个优秀的五星班组建立起浓烈的改善氛围和文化，班组成员逐步具备责任担当、改善意识和发展意识时，班组成员就愿意和敢于对生产与运营的结果负责。班组成员应面对问题不回避，以发现问题和解决问题为导向，以现状和目标为依据，立足现场，不断总结梳理，寻找改善的机会，通过各种工具和方法，对现场和管理进行持续的优化和改善，从而实现结果指标的持续提升，形成能够对结果负责的自主经营的微型学习型组织。

9.4 主题改善，班组的"大案要案"

如果说提案改善活动针对的是五星班组个人的"小"改善，那么主题改善就是以班组为团队的"大"改善，是班组改善的"大案要案"。班组主题改善采用的方法是 QCC。

9.4.1 QCC 是什么

QCC 是英文 Quality Control Circles 的缩写，译成中文名称为"品管圈"。品管圈又名质量控制圈、质量小组、QC 小组等。

品质圈概念源自于美国，在日本发扬光大。20 世纪 60 年代，东京大学的石川馨教授把源自美国 SQC 的理念与日本的风俗、文化相结合，于 1962 年在日本的刊物上发表了名为"现场与 QC"的文章，系统地介绍了 QC 活动的理论和应用。之后，在日本不断得到普及与推广。特别是从 20 世纪 70 年代开始，在日本的钢铁、电机、汽车、化学等基础行业，被广泛引入，后来又在金融、服务性行业等非制造业也得到了广泛应用。

在过去的 36 年中，品质圈概念被引入了多达 100 多个国家。其特点是由基层员工组成的小组，通过适当的训练及引导，使小组能通过定期的会议，去发掘、分析及解决日常工作有关的问题。品质圈是一种工作小组，是指在第一线工作场所工作的人们，持续提高并维护产品、服务、工作的质量。该小组推动这种行为的方式是自主管理，利用质量控制概念和技术或其他技术，展示创造力，推动自我发展和相互发展。

为了使品质圈活动成功，领导和经理亲自为了企业的发展，为组成、实施公司范围的 TQM 或类似的活动贡献力量。本着对人性的尊重，他们提供活动的环境，并持续地进行适当的指导和支持，旨在人人参与，并将活动定位为对人力资源发展和工作场所利用非常重要。

9.4.2 为什么要开展 QCC 活动（五星班组主题活动）

QCC 活动的目的在于：发展品质圈成员的能力，实现他们的自我实现，使工作场所充满生机和活力，增加客户满意程度，做出社会贡献。

五星班组推进过程中要重视 QCC 活动，并动员、引导全体员工积极参与 QCC 活动，在星级班组推进中，通常以班组为单位开展 QCC 活动，称作五星班组主题活动（图 9-25）。

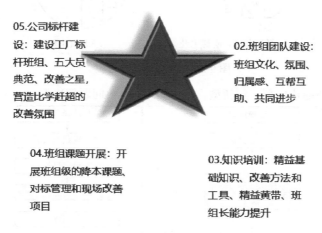

图 9-25　五星班组主题活动

QCC 源于基层，产生于班组，它是"在生产或工作岗位上从事各种劳动的员工，围绕企业的方针目标或现场存在的问题而组织起来开展活动"的小组，所以必须要动员所有员工积极、热情地投入到 QCC 活动中去；同时又必须要求企业领导或主管人员有足够的重视程度，企业领导层注重质量管理，五星班组 QCC 活动才会如虎添翼。

五星班组在推进过程中重点打造改善团队的军、校、家文化，而班组推进的 QCC 活动正是诠释星级班组文化及改善动力的核心。

9.4.3　QCC 活动步骤

QCC 的基本逻辑（图 9-26）也是戴明先生的 PDCA 循环。

在开展五星班组主题活动时，一般视问题的类型，将主题活动分为两类：课题达成型和问题解决型，具体实施步骤如图 9-27 所示。

PDCA循环的特点

a. 四个阶段一个也不能少；

b. 大环套小环；

c. 每循环一次，产品质量、工序或工作质量就提高一些。

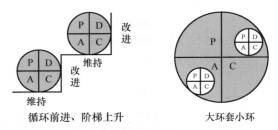

循环前进、阶梯上升　　　　　　　大环套小环

图 9-26　QCC 的基本逻辑

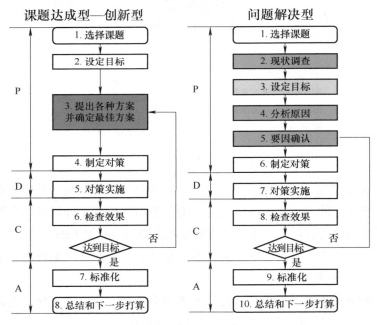

图 9-27　QCC 的实施步骤

1. 组建五星班组主题活动小组（QCC 活动小组）

1）根据同一部门或工作性质相关联、同一班次的原则，组成品管圈。五星班组主题活动运行时，可以视课题类型将部门人员纳入其中。

2）可以由班组长或问题解决的关键人员担任小组组长。

3）由班组长主持五星班组主题活动例会，并确定一名记录员，担任例会记录工作。

4）以民主方式决定主题活动的项目选题（图 9-28）。

5）班组长填写"五星班组主题活动登记表"，确定主题活动，并向公司五星班组推进室申请注册登记备案。

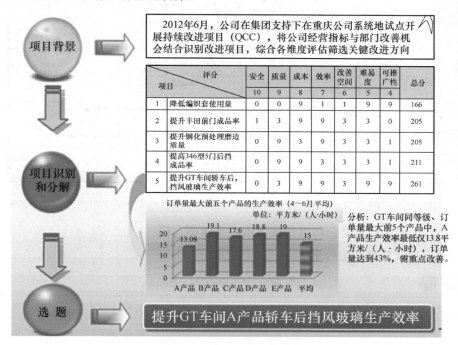

项目背景

2012年6月，公司在集团支持下在重庆公司系统地试点开展持续改进项目（QCC），将公司经营指标与部门改善机会结合识别改进项目，综合各维度评估筛选关键改进方向

评分 项目		安全	质量	成本	效率	改善空间	难易度	可推广性	总分
		10	9	8	7	6	5	4	
1	降低编织套使用量	0	0	9	1	1	9	9	166
2	提升丰田前门成品率	1	3	9	9	3	3	0	205
3	提升钢化预处理磨边质量	0	9	3	9	3	3	1	205
4	提高346型5门后挡成品率	0	9	9	3	3	3	1	211
5	提升GT车间轿车后,挡风玻璃生产效率	0	3	9	3	3	3	5	261

项目识别和分解

订单量最大前五个产品的生产效率（4～6月平均）

单位：平方米/（人·小时）

13.08 19.1 17.6 18.8 19 15

A产品 B产品 C产品 D产品 E产品 平均

分析：GT车间同等级、订单量最大前5个产品中，A产品生产效率最低仅13.8平方米/（人·小时），订单量达到43%，需重点改善。

选题

提升GT车间A产品轿车后挡风玻璃生产效率

图 9-28 主题活动的项目选题

2. 活动主题选定、制定活动计划

1）每期主题活动，必须围绕一个明确的活动主题进行。结合部门工作目标，从品质、成本、效率、交期、安全、服务、管理等方面，每人提出 2～3 个问题点，并列出问题点一览表。

2）以民主投票方式产生活动主题，主题的选定以主题活动在 3～6 个月内能解决问题为原则。

3）提出选取理由，讨论并定案。

4）制定活动计划及进度表（图 9-29），确定适合每位成员的职责和分工。

5）要呈报部门直接主管/经理审核，批准后方能成为正式的五星班组活动主题。

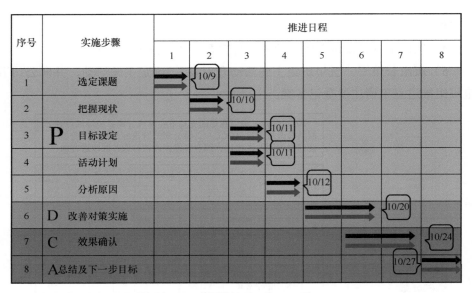

序号	实施步骤	推进日程							
		1	2	3	4	5	6	7	8
1	选定课题		10/9						
2	把握现状			10/10					
3	P 目标设定				10/11				
4	活动计划				10/11				
5	分析原因					10/12			
6	D 改善对策实施							10/20	
7	C 效果确认								10/24
8	A 总结及下一步目标							10/27	

图 9-29　制定活动计划及进度表

6）活动计划表交公司五星班组推进室备案存档。

3．现状调查数据收集

"降低运输成本费用"主题改善的数据收集（图 9-30）。

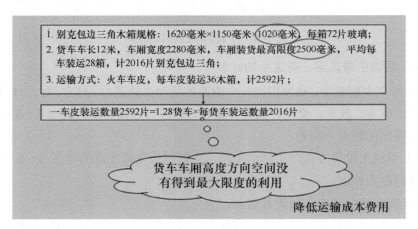

图 9-30　数据收集

1）根据特性要因图（或围绕选定的主题，通过主题活动交流会讨论），设计适合本班组现场需要的、易于数据收集、整理的查检表。

2）确定收集数据的周期、收集时间、收集方式、记录方式及责任人。

3）主题活动例会结束后，各责任人员即应依照确定的方式，开始收集数据。

4）数据一定要真实，不得经过人为修饰和造假。

5）本阶段使用查检表进行检查。

4．目标设定

1）明确目标值并和主题一致，目标值尽量要量化。

2）不要设定太多的目标值，最好是一个，最多不超过两个。

3）目标值应从实际出发，不能太高也不能太低，既有挑战性，又有可行性。

4）进行目标的可行性分析（图 9-31）。

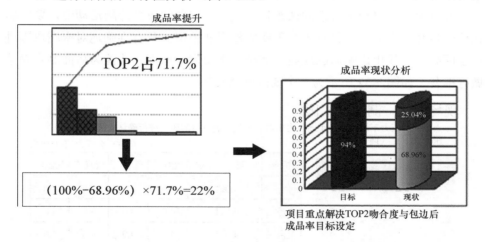

图 9-31　目标的可行性分析

对主题活动例会后收集数据过程中所发生的困难点，进行全员检讨，并提出解决方法。检讨上次主题活动后设计的查检表，如需要，加以补充或修改，使数据更能顺利收集，重新收集数据。如无前两点困难，则班组长落实责任人及时收集数据，使用 QC 手法，从各个角度去层别，做成柏拉图形式直观反映，找出影响问题点的关键项目。本阶段可根据需要使用适当的 QC 手法，如柏拉图、直方图等。

5．原因分析

1）在主题活动交流会上确认每一个关键项目。

2）针对选定的每一个关键项目，运用班组三现主义展开特性要因分析。

3）找出影响的主要因素，主要因素要求具体、明确且便于制定改善对策。

4）会后落实责任人对主要因素进行验证、确认。

5）对于重要原因以分工的方式，确定各 QC 圈成员负责研究、观察、分析，提出对策构想并于下次 QC 圈例会时提出报告。

6）本阶段使用脑力激荡法和特性要因法进行分析。

6. 要因确认

针对目前五星班组主题活动要因确认过程中存在的误区，应采用目标-程度法，通过模拟计算和实际案例对新方法进行了验证，证实目标-程度法不仅可以较为准确地找到要因，而且可以验证在设定目标步骤中设定的课题目标是否合理，并可通过计算给出合理的课题目标值。在问题解决型课题活动中，要因确认这一步骤承上启下，具有十分重要的作用和地位。只有准确地对末端原因进行要因确认，找出影响问题或问题症结的主要末端原因，才能为后面制定对策做好准备。如图 9-32 所示为一个要因确认案例。

现场测试、测量（案例）

点焊气缸压力不均：取一个新压力表对各个气缸进气口的压力进行确认，确认压力如下：（调查表）

单位：公斤力/平方厘米

机台	设　定	气缸一	气缸二	气缸三	气缸四
机台一	4.0±1	4.0	4.0	4.0	4.0
机台二	4.0±1	4.0	4.0	4.0	4.0
机台三	4.0±1	4.0	4.0	4.0	4.0
机台四	4.0±1	4.0	4.0	4.0	4.0

结论：相同机台四个气缸压力完全一致

图 9-32　要因确认案例

7. 对策制定及审批

1）根据主题活动例会把握重要原因和实际观察、分析、研究的结果，按分工的方式，对所得对策一一提出并讨论，除了责任人的方案构想外，以集思广益的方式，吸收好的意见。

2）根据上述的讨论获得对策方案后，让班组成员分工整理成详细具体的方案。

3）对所制定的具体对策方案进行分析，制定实施计划，并在主题活动例会上讨论，交换意见，确定出具体的步骤、目标、日程和负责人，注明提案人。

4）班组长要求圈员根据讨论结果，以改善提案的形式提出具体的改善构想。

5）班组长将对策实施计划及改善提案报部门主管/经理批准后实施（改善提案实施绩效不参加改善提案奖的评选，而直接参加五星班组主题活动成果评奖）。

6）如对策需涉及五星班组之外的人员，一般会邀请他们来参加此次主题会，共同商量对策方法和实施进度（图 9-33）。

7）本阶段使用三现法、脑力激荡法、系统图法进行分析。

序号	要因项目	对策	目标	措施	地点	负责人	完成日期
1	定位压持气缸不匹配	修改定位程序，使各定位气缸搭配	间隙≤0.05毫米	1）增设预定位动作。2）其他备选方案（附件）	现场	雷××	7/11
2	框架承座太小	增加接触面积	承接面积10平方毫米↑	量测机台最大允许范围，重新设计制作底部承座	现场/工务	张××	8/12
3	定位杆单枚螺钉固定	机构改良	位移发生件数≤1次/周	增设固定螺钉：由单枚变更为两枚	现场/工务	张××	8/01

正面案例

🔑 **措施对策表** 反面案例

序号	主因	对策	责任人	实施时间	验证人
1	采用木方垫缝	制作了10厘米×10厘米，8厘米×10厘米，5厘米×10厘米，2厘米×10厘米等几种尺寸的木方，根据实际情况使用不同尺寸木方，调整缝宽	××	2008.8—2008.11	××
2	基床顶面倒坡与设计倒坡出入大	沉箱安装前每一个沉箱位都必须先进行测量验收，根据测量结果确定的倒坡来指导施工	××	2008.8—2008.11	××
3	沉箱调坡时与基床顶面坡度不合	根据测量结果确定一个参考坡度，先按此加水调坡，之后先松钩预压，根据预压时的沉箱错牙进一步调整加水坡度	××	2008.8—2008.11	××

图 9-33 对策方法和实施进度

8．对策实施及检讨

1）对所实施的对策，由各班组成员就本身负责工作做出报告，顺利者给予奖励，有困难者加以分析并提出改进方案和修改计划。

2）对前几次星级班组主题活动会议做整体性的自主查检，尤其对数据收集、实施对策、班组成员向心力、热心度等，必须全盘分析并提出改善方案。

3）各班组成员对所提出对策的改善进度进行反馈，并收集改善后的数据。

9. 效果确认

1）效果确认分为总体效果及单独效果。

2）每一个对策实施的单独效果，通过改善提案管理程序验证，由班组长最后总结编制成改善提案实施绩效报告书，进行效果验证（图 9-34）。

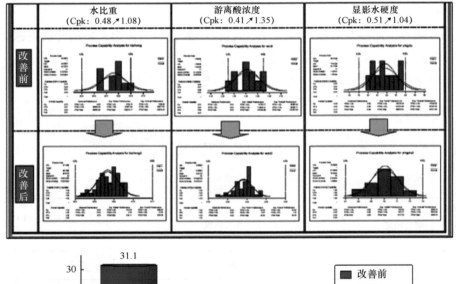

图 9-34　效果验证

3）对无效的对策需开会研讨决定取消或重新提出新的对策。

4）总体效果将根据已实施改善对策的数据，使用 QCC 工具（总推移图及层别推移图）用统计数据来判断。改善的经济价值尽量以每年为单位，换算成具体的数值。

5）五星班组主题活动例会后应把所绘制的总推移图张贴到现场，并把每天的实绩打点到推移图上。

6）本阶段可使用查检表、推移图、层别图、柏拉图等进行分析。

10．标准化

1）为使对策效果能长期稳定地维持，措施的标准化（图 9-35）是主题改善历程的重要步骤。

2）把五星班组主题活动有效对策纳入公司或部门标准化体系中。

序号	要因	标准化	规范作业看板	规范编号	完成时间	负责人
1	颈歪、原材不良	供应商提供颈歪出货规格保证函	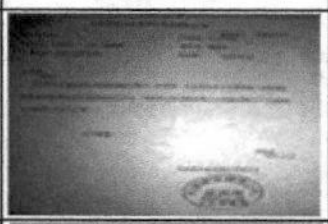	TJ20050729	4/19	穆××
2	氢氟酸气味浓烈	建立了再生酸洗机洗涤塔保养及点检机制		TC03-61-801	6/29	陈××
3	切枪作业不当	制定"破真空切颈作业规范"		TC04-61-116	6/29	陈××
4	管面放置不当					

图 9-35　措施的标准化

11．成果资料整理（成果比较）

1）计算各种有形成果，并换算成金额表示。

2）制作成果比较的图表，主要以柏拉图金额差表示。

3）列出各五星班组成员这几次主题活动会以来所获得的无形成果，并做改善前、改善后的比较，可能的话，以雷达图方式表示。

4）将本期活动成果资料整理编制成"五星班组主题活动成果报告书"。

5）本阶段可使用柏拉图、雷达图等。

12．活动总结及下一步打算

1）任何改善都不可能是十全十美的，一次改善不能解决所有的问题，总还存在不足之处，找出不足之处，才能更上一级台阶。

2）老问题解决了，新问题又来了，所以问题改善没有终点。

3）按 PDCA 循环，品质需要持续改善，所以每完成一次 PDCA 循环后，就应考虑下一步计划，制定新的目标，开始新的 PDCA 改善循环。

13．成果发表

1）对本班组的"成果报告书"再做一次总检讨，由班组成员提出应补充或强调的部分，并最后定案。

2）依照"成果报告书"，按各人专长分工，制作各类图表。

3）图表做成后，由班组长或推选发言人上台发言，并进行讨论交流。

4）准备参加全公司的 QCC 主题改善发表大会（图 9-36）。

图 9-36　QCC 主题改善发表大会

★★★★★ 9.5 员工技能道场，工匠精神的摇篮 ★★★★★

J 公司是全球 500 强的企业，2011 年我们应邀来到这家企业的生产现场。在现场诊断的过程中，我们看到几位无所事事的员工在来回走动，他们穿着醒目的黄马甲。我们跟他们顺便聊了几句，当他们得知我们是来帮助企业做改善的咨询顾问时，他们马上说出了自己的"愤怒"：到公司六天了，除了一些教室里的理论培训以外，就是在生产现场看作业指导书，看老员工作业、扫地、搬东西、打杂……"流窜"在各个工序帮忙，他们自嘲为"流忙（流氓）"。

我们问：你们要经历多长时间的培训，什么时间可以独立上岗？

他们回答：我们也想知道呀，不知谁能告诉我们。班组长说，旺季了，生产订单很紧张，没有时间停线培训新员工。

我们问：为什么不去员工技能道场培训呢？

他们回答：没听说过有什么道场。

F公司的总经理陪同我们参观现场，她感觉涂布工序的Y员工与其他员工的作业姿势略有差异，她把班组长叫过来，应用大野耐一圈的方法，让班组长站在Y员工旁边看10分钟，班长发现Y员工在涂布产品圆角时速度和角度都有问题，导致少数产品圆角处涂布宽度不足。

　　班组长马上追溯前段时间一个客户关于产品角部粘胶不牢的投诉，终于找到了根本原因。值得注意的是，Y员工已经在这个岗位1年多了，当时培训他的师傅已经离职了。

　　客户参观T公司，发现新员工正在技能训练道场中有序的培训，教练级员工采用"教三练四"的方法，耐心地边说边做，手把手地纠正员工的演练，每一个动作要素都必须考核认证后，才能去现场接受培训。客户不由得对T公司刮目相看，他对另外一家供应商说："你们多去T公司学习学习，看看他们是如何从源头确保品质的。你们每天都在忙碌地拖地，T公司找到了水龙头，并把它拧紧了。"

　　前面三个真实的案例，都是关于员工技能训练的事。现代企业的员工技能训练，应该是在"道场+现场"应用标准化的工作分解表、由专兼职的教练级员工通过标准化的培训方法来完成的。

9.5.1　员工技能训练道场

　　"道场"源自日本丰田公司，是其人才育成的重要载体。在新员工进入工厂前，必须在技能训练道场中，通过教练级员工的JI培训，考核及格后才能被分配到岗位。道场被普遍应用于世界各地的丰田工厂及其供应商等合作伙伴，也被波音、三星、大众等众多世界500强企业广泛应用，被誉为企业人才育成和工匠精神的"摇篮"，是传承企业理念和系统培养人才的"企业学院"。

　　道场有两种形式：员工技能训练道场和精益人才道场。

　　员工技能训练道场配备硬软件装置，是可以培训岗位知识和研讨技能方法的场所。在这里，技能教练培训新员工、转岗员工、多技能员工，让他们在规

定时间内掌握基本岗位技能，

员工技能训练道场必须根据本企业的业务定制。员工技能训练道场建设及运营一共需要六个步骤，如图9-37所示。

一个现代企业的员工技能训练道场，一般由六大区域（图9-38）组成，一般包括：1-培训区、2-视频区、3-零部件展示区、4-热身区、5-实操区、6-看板展示区等。

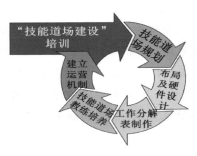

图9-37　技能道场建设及运营

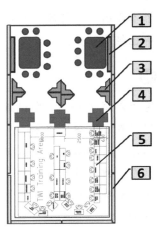

图9-38　技能训练道场的六大区域

案例

图9-39所示为意玛克员工技能道场（建于2012年）。

图9-39　意玛克员工技能道场

TCL 集团（2015 年）和海尔集团（2013 年）员工技能训练道场（图 9-40）。

图 9-40　员工技能道场：TCL 和海尔集团

华为（2015 年）和福耀（2017 年）员工技能训练道场（图 9-41）。

图 9-41　员工技能道场：华为和福耀集团

9.5.2　技能培训前的准备

技能道场应配备有技能教练：熟悉多个岗位技能的岗位能手，经过 JI 培训并通过教练级员工资格认证的资深员工。技能教练在道场对员工进行标准化培训，需要准备三项内容：培训计划-训练预定表、培训内容-培训套餐和培训标准化教材。

1. 员工在技能道场培训的计划，一般叫作训练预定表（表 9-4）

表 9-4　训练预定表

1	7 作业分解编号	3									6 生产变化
2		4									
5 人事变动作业状况											

2. 培训套餐

新员工入职培训套餐一般按照岗位来进行设计，这样上岗前需要的培训内容较少，而且新员工上岗独立操作的时间也较短，但是前提是车间上报的需求岗位必须准确。

案例

华为员工技能培训中心的"培训套餐"（表 9-5）。

表 9-5　华为员工的培训套餐

　　　　　　　　　副本 1 月 13 日—14 日培训套餐　　　　　　　　文档密级

1.5 天正常版新员工培训套餐安排						
岗位	安排	日期	培训时间	培训内容	培训时间/分钟	实际培训区域
公共理论培训	第一天	2016/1/13	8:30-9:30	通用理论知识	60	R3 夹层 M03
		2016/1/13	9:30-10:00	物料的识别和认知	30	R3 夹层 M03
		2016/1/13	10:00-10:20	泛网络通用知识	20	R3 夹层 M03
		2016/1/13	10:20-10:30	休息	10	

（续）

岗位	安排	日期	培训时间	培训内容	培训时间/分钟	实际培训区域
（第一组）整机	第一天	2016/1/13	10:30-10:50	现场讲解	20	R3 夹层走廊
		2016/1/13	10:50-11:10	ESD、安检测试学习	20	R3 夹层 M02 讲解区
		2016/1/13	11:10-11:30	展示和热身练习	20	R3 夹层 M02 展示和热身区
		2016/1/13	11:30-12:30	物料辨识 1 实操	60	库房物料培训区
		2016/1/13	14:00-16:00	打螺钉实操	120	打螺钉区
		2016/1/13	16:00-18:00	辨识卡扣	120	辨识卡扣区
	第二天	2016/1/14	8:30-10:30	扫描粘贴实操	120	扫描粘贴区
		2016/1/14	10:30-12:30	包装实操	120	包装区

3. 员工在技能道场培训时的标准化教材

员工在技能道场培训时的标准化教材不是生产现场的"作业指导书"，而是专门为技能训练道场定制的"工作分解表"（表 9-6）。

表 9-6　工作分解表

　　作　业：
- 工作分解表　　零部件：
　　工具·材料：

序号	主要步骤	要点和要点的理由
1		
2		
3		
4		
5		
6		

9.5.3　工作教导的方法

在传统企业里，只要技能好的员工都可以做教练，没有专门的工作教导技能的训练。丰田的工作教导告诉我们，作为技能教练，无论教导的理念还是教导的方法都很重要，都直接影响工作教导的质量。

工作教导的理念：员工没有掌握，是指导者没有教好。所以，从工作教导的角度来说，要从传统的以师傅为中心，转变为以学员为中心。这是工作教导的核心理念，是 JI 工作教导的基础。

工作教导的方法："教三练四"。技能教练教三遍，怎么教？学员练四遍，怎么练？我们用学员练四遍来举例说明。

工作教导中，学员练四遍的要求如下：

- 让他试做并及时纠正错误；
- 让他也边做边说出主要步骤；
- 让他也边做边说出要点；
- 让他也说明要点的理由并确定他完全掌握。

我们把这学员演练的四遍稍微展开一下，可以表述成表 9-7 的内容。

表 9-7　学员演练的四遍

让对方做（练四）	
步骤	目的
1. 让他试做一个成品（纠正错误）	确认对方是否操作正确
2. 让他边做边说出主要步骤	确认对方是否清楚每一个作业步骤
3. 让他边做边说出强调的要点	确认对方是否清楚每一步骤的要点所在
4. 让他说明要点的理由	确认对方是否明白为什么要这样做
确认对方是否已经能够熟练作业，适时表扬【多鼓励，少批评】	
此时员工最紧张：你会了吗？------×　　　　你很不错哦！------√	

如果一位技能教练按照以上四遍来教新员工演练，员工的练习是一个由易到难、由浅入深的过程，每次关注一个方面的重点，而且通过四遍重复的作业，就会在不知不觉中掌握了这个技能。这个流程是以丰田为主的日本企业，几十年来反复实践过程中整理出来的，把教育心理学和认知心理学充分融入了工作教导的全过程。作为企业的管理者，不需要再去研究比它更好的流程（重新发明轮子），只要按照这个流程去做，培训的效果就比传统的培训效果好得多（在员工技能道场中可以验证）。

9.5.4　技能教练的认证

技能教练的认证主要从五个方面考核：

1）理论：满分 100 分，80 分通过；

2）工作教导计划：教导过程中关注，1 个不符合项；

3）员工培训套餐：教导过程中关注，1 个不符合项；

4）工作分解表：重点，多个不符合项；

5）工作教导的理念和方法：重点，多个不符合项。

认证过程中，有 3 个及以上不符合项，则认证不通过。

9.5.5 员工技能道场的功能及意义

1. 员工技能道场有三大功能：培训、研究和展示

员工技能道场最主要、最重要的功能当然是培训——新员工、多能工、核心岗位员工等技能培训，淡季的时候，也可以作为员工技能比武的场所，也算是培训功能的一个衍生。

员工技能道场的第二个功能是研究，做什么研究呢？实操技能的研究，工作教导的研究。为什么产品总出现某种缺陷、甚至流出到客户端被投诉，作业方法和检验方法有问题吗？可以请技能教练带领一些熟练的员工到技能道场一起来研究。如果某个技能教起来很难、不同员工学完以后大家动作的一致性较差等，也需要在技能道场来研究。从这个功能来说，技能道场相当于员工技能训练的"实验室"。

员工技能道场的第三个功能是展示，向客户开放，向供应商开放，向全社会开放，展示员工技能训练的真实水准，通过客户、供应商和全社会的监督提升企业的水平，建立企业信心、信誉和信任。

2. 员工技能道场的意义

大家必须理解的一点是，员工在技能道场中培训完后，还必须到现场培训，才能独立上岗，道场的培训并不能完全代替现场的培训。道场训练的是员工的动作要素，是基本功；现场培训的是基于产品的作业流程，是制造产品。现场是按照产品生产的 QCD 要求来布局的，无法满足新员工练基本功的要求，即便可以，用现场的生产线来让员工练基本功，那也是浪费。实践证明，"道场+现场"的技能培训，可以实现以下三方面目的。

1）缩短员工的培训周期（图 9-42）。

2）减少员工上岗后的质量问题：降低废品和返修量（图 9-43）。

3）提高新员工的关注度和归属感，降低员工流失率，尤其是大大缩短 30 天（或者 15 天）内的新员工离职率（图 9-44）。

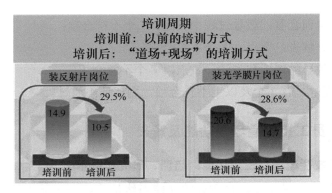

图 9-42　缩短培训周期

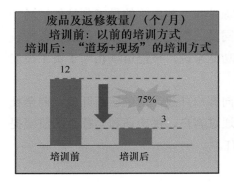

图 9-43　降低废品和返修量

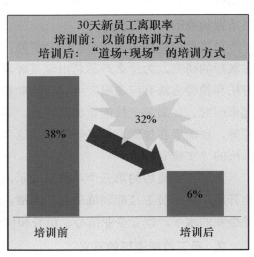

图 9-44　30天内新员工离职率

第3篇

落地篇：五星班组的实施流程与机制

　　没有人喜欢自己只是螺丝钉，工作一成不变，只是听命行事，不知道为何而忙，丰田做的事很简单，就是真正给员工思考的空间，引导出他们的智慧。

——大野耐一（日本，丰田）

第 10 章

五星班组的推进流程

> 好的推进流程，会减少变革中的障碍。

企业如何一步一步地通过五星班组建设，实现自己的五星级班组呢？

可以用登山的例子来说明，由于每个人的身体条件不同，选择的山要适合自己。如果你真的想要攀登海拔 5000 米以上的雪山，你可以买专业的工具，请专业的教练训练，从海拔低一点的山开始，循序渐进，长期坚持。

企业的精益变革如同登山，也如同寻医问药，不同人的体质就算是相同病征，治疗方案也要有所差别。根据企业的性质、所处行业、发展阶段、经营者管理理念等的不同，五星班组推进的路径也不同，外部专家顾问团队需要到企业进行实地调研，沟通定制化的方案。

★★★★★ 10.1 专家会诊与推进规划 ★★★★★

10.1.1 专家会诊

1. 五星班组的调研十分关键

一是调研工作往往是五星班组项目的第一个阶段，万事开头难，项目的第一个阶段是否能取得客户的充分信任，是否能和客户建立起融洽的合作关系，是否能为后续工作打好基础，这些对整个项目来说都至关重要。

二是调研是与客户企业各层级直接对话的工作，调研结束后，不仅你对客户有了一个评价，客户对你更是有了一个评价，评价的好坏也直接关系到项目后续的开展。

三是调研是五星班组项目开展的基础，顾问进项目前往往对企业很陌生，只有一堆的方法论和其他类似项目的经验与资料，只有集合企业核心人员，开展深度调研（图 10-1），才能将这些方法和经验转换成对客户有价值的成果。

图 10-1　深度调研

2. 在五星班组项目中，如何调研呢？

调研并不是一个从无到有的过程，而是基于本身对项目和企业背景有一定了解的基础上，预设所需要调研的内容，如果完全把调研当成是在学习，那么结果往往是既没有效率又没有效果。所以必须先进行预设，想清楚要做完整个项目必须获得哪些企业相关信息，然后带着问题和目的去读资料、访谈或者发问卷。

一般调研工作分三种形式进行：资料阅读、现场访谈、问卷调查。

资料阅读就是列一张资料收集清单，将客户企业内部的相关资料收集过来，然后花两三天细读一遍；现场访谈则是去访谈企业的高层和管理层，了解高层、管理层对项目的需求和关注点，为下阶段的调研工作明确方向；问卷调查则是面向全企业发放问卷，了解包括基层员工在内的员工的相关需求和意见，有时也会结合分析模型，进行一些现状分析评估。需要注意的是，不管是哪种方式，都切忌走形式，要带着目的和问题去调研。

（1）五星班组调研-资料阅读

应对资料收集清单中的条目逐一斟酌，并说明各资料对项目的作用具体是什么，避免"不论是否有关系，全拿来再说"。收集需求的企业资料后，随即开始资料阅读（图10-2）。在资料阅读的时候，要有目的地去阅读，才能更快速地从大量资料中将有用的信息提取出来，同时也要做好记录。否则看了也等于没看，收获甚微。

（2）五星班组调研-现场访谈

五星班组现场访谈首先要明确访谈的目的是什么，比如要从访谈中获取被访谈对象的哪些信息，每个问题必须逐句斟酌。另外，除了了解情况外，访谈也有另外一个目的，简单地说就是搞好关系及灌输思想。当然，通过现场访谈（图10-3），也能更进一步了解企业的文化和风格，更进一步贴近客户。

图10-2　资料阅读　　　　　　　　　　　　图10-3　现场访谈

（3）五星班组调研-问卷调查

问卷调查是推进五星班组三种调研方式中，涉及面最广，工作量最大的一种，而且也并不是所有项目都会采用问卷方式进行调研。同样，这也是很能体现咨询公司水平的一种方式。问卷的目的首先是为了能靠数据说话，通过对大量问卷调查的统计（表10-1），去证明一些原本已经想好了的假设，或者分析出一些结论；其次是为了要把调研落实得更深更广，因为访谈的对象一般只是少部分人，而问卷则可以对更多的人甚至是对全员进行调研。

总之，良好的开始是成功的一半，顾问团队和企业对调研工作都应该认真对待、充分准备。

表 10-1　问卷调查统计

《精益班组综合训练营》

调查问卷——经理填写

三、以下各项目内容，您的下属（生产部门线长、其他部门主管）掌握程度如何（如果有提问内容在你的工作中不涉及，请在表格右侧标记："0"）

区分	项目	管理能力
	平均得分	71.3
1	角色认知和职业素养	76.7
2	人员管理	76.7
3	沟通与交流	70.7
4	员工教导	70.0
5	目标和计划管理	69.5
6	问题分析与解决	68.7
7	对现场日常工作的管理	72.6
8	对物料、设备的管理	69.0
9	安全的管理	66.0
10	团队建设	73.3

10.1.2　五星班组推进规划和计划

1．推进规划和计划

凡事预则立，不预则废。有规划和计划，就等于明确了工作的方向，就有了工作的标准流程，就不会出现先射击后画靶子的情况，实现指哪打哪。

在五星班组项目管理中，规划对整个项目管理的重要性不言而喻。强化计划控制是现代管理的基本模式，加强项目计划控制，可以实现项目过程全面受控。

五星班组的推进规划和计划包括：五星班组管理变革规划（5～10 年）；五星班组项目推进总计划（3 年）；五星班组项目年度实施计划（1 年）和阶段性行动计划（月、周、日）。

五星班组管理变革规划的基本内容如图 10-4 所示，从企业战略层面部署五星班组建设 5～10 年的方向、框架和结构化目标。

2．总计划（3 年推进计划）

五星班组项目推进总计划的基本内容如图 10-5 所示，需要有效评估项目启动后 3 年内项目的预算、人力资源、不同阶段的推进范围和大致时间表。有效的五星班组推进总计划，可确保在企业内部实现项目的少投入多产出，提升项目的增值比。

图 10-4　五星班组管理变革规划的基本内容

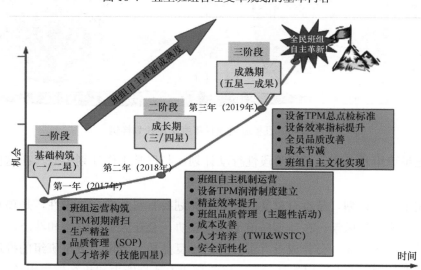

图 10-5　五星班组项目推进总计划的基本内容

3．年度实施计划

年度实施计划是提高项目效率的有效手段，其内容远比其形式重要。不需要华丽的辞藻，简单、清楚、可操作是实施计划的基本要求。五星班组项目年度实施计划样例如图 10-6 所示，主要由以下内容构成：

1）星级班组工作内容：明确目标、数量、对应效能指标、完成程度。

2）星级班组工作分工：明确由谁来完成，落实责任和推进标准。

3）星级班组工作方法：明确完成的方法，包括人员组合、服务内容、销售方法、产品结构。

4）星级班组工作进度：明确完成的时间。

5）星级班组工作反馈：在五星班组项目推进过程中发现问题时，对人员和方法进行更合理的调整，确保五星班组推进总计划的顺利进行。

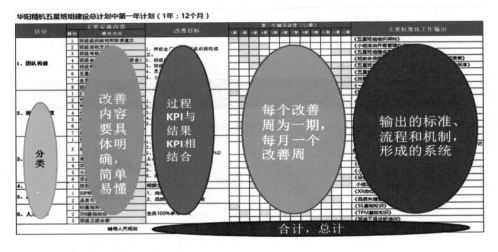

图 10-6　五星班组项目年度实施计划样例

五星班组月、周、日等阶段性行动计划，与日常工作计划类似，在这里不展开。

完不成的计划，是没有意义的计划。计划要有科学性、严肃性，是项目管理中一道美丽的风景。在计划面前不断地妥协，会让人丧失信心和斗志，会形成松散的工作作风，会养成没有责任感的不良品质。所以，五星班组的推进一定要重视计划，推进过程就是发掘、培养企业内计划能力和执行能力出色的人。

当然，工作计划应该是可以调整的。当工作计划的执行偏离或违背了其目的时，需要对其做出纠偏调整。在项目推进的执行过程中，高层领导要经常跟踪检查执行情况和进度。发现问题时，立即商讨就地解决并继续前进。中基层干部既是管理者，同时还是执行者，不能专职充当方向和原则把控的角色，五星班组的推进需要经营决策层、部门管理层、基层执行者（班组）、咨询方顾问四者的共同努力。

★★★★★ 10.2 五星班组项目启动及推进 ★★★★★

10.2.1 五星班组理念导入

1．五星班组理念导入的作用

五星班组建设是提升对班组管理的软实力，完美掌控驾驭企业现有的硬件条件，打造基层管理标杆企业的过程。五星班组推进的各个阶段，都需要合适的理念导入（图 10-7）。

· 通过导入和持续推进五星班组可视化改善活动
—— 追求"员工""企业""现场""效益"全面提升！

图 10-7　理念导入

2．五星班组理念和本企业的特色融合

通过理念的导入，逐步让企业从上到下在各个方面形成共识，同时跟本企业的文化结合起来，形成本企业特色的五星班组。

案 例

基于某公司的标准化和 TPM 较弱的现状，在该公司五星班组推进目标构建时，我们特别强调：

- 提升数据化管理科学性；
- 流程标准化，规范作业标准；
- 全面导入五星班组管理，形成可落地、可执行的标准化管理手册；
- 通过设备系统化管理提高设备综合效率；
- 提升维修人员的设备维修技能，提高积极性；
- 提升班组自主保全能力，改善企业革新氛围；
- 效率指标明显变化；

- 看板文化、班组活性化活动建立;
- ……

最终,形成本企业特色的五星班组管理体系,如图 10-8 所示。

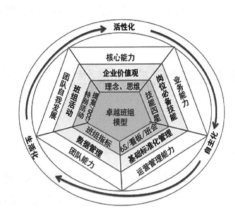

图 10-8　五星班组管理体系

实现"五化",即:
1.工作内容指标化
2.工作要求标准化
3.工作步骤程序化
4.工作过程数据化
5.工作管理系统化

打造"五星班组"

这个体系的特色包括:

1)整体性: 与班组管理标杆企业从管理模块和工具方面进行全面对标分析,针对各分厂进行差异化的推动。最终形成工厂的班组管理体系。

2)目标性: 通过班组体系的推进,提升班组所影响的量化指标水平(OEE/MTBF/MTTR、设备维修保养费用、人均效率、良品率等)。

3)层次性: 本着总体规划、分步实施、差异化推进原则,科学合理安排各模块导入先后或并行顺序,结合各车间现状与目标进行分步骤、差异化推进。

4)相关性: 各业务模块的相互作用关系与高效衔接。以五星班组为主线且与精益改善工具相结合(提案、6S、TPM、SMED、班组活动等)。

5)动态性: 项目推进各模块的过程中,通过 PDCA 闭环循环确保五星班组管理体系不断地持续改善。

10.2.2　五星班组项目启动

五星班组项目启动阶段是项目实施的起点。

召开五星班组项目启动会的目的:要得到企业高层领导的支持和承诺,各部门相关人员对项目有了初步的认识和对实施过程有了了解,成立了实施项目组（五星班组推进办公室），将来公司能够重视并积极配合项目组工作。

因此成功召开五星班组项目启动会议，是项目顺利实施的关键之一。图 10-9 为五星班组启动大会 PPT 模板。

图 10-9　五星班组启动大会 PPT 模板

一个成功的项目启动会议包括进行项目启动会准备、召开项目启动会、项目启动会总结三个工作步骤。

1. 五星班组项目启动会准备

在启动大会开始前一段时间，有必要召开一个集体的动员大会，领导和员工在一起分享一下项目推进的一些初步想法，而且动员大家，做好准备，建立做这件事情的荣誉感，让大家预热起来，打起精神，鼓足干劲，准备起跑。

五星班组项目启动的准备工作追求细节，具体事宜由标准化的流程加上本企业管理层的要求决定。在项目启动准备期，可以准备一个项目启动检查清单，以确保项目启动准备工作的有序，避免疏漏。

一般说来，启动会的准备工作包括：建立项目管理制度、建立项目推进组织、整理启动会资料等。

其中，建立项目管理制度是非常关键而且容易忽略或者延迟的一项工作，主要包括：五星班组项目考核管理制度、项目费用（奖励）管理制度、项目例会管理制度、项目计划管理制度、项目文件管理流程等。再往下展开，比如，项目计划管理制度就是明确各级项目计划的制定、检查流程，包括整体计划、阶段计划、周计划等内容；而项目文件管理流程则是为了明确各种文件名称的管理和文件的标准模板，比如汇报模板、例会模板、日志、问题列表等。

建立项目推进组织，需要顾问组到达公司现场跟客户高层进行沟通，并与客户方项目负责人明确各级组织的职责和角色。无论是精益项目还是五星班组项目的推进，推进组织架构都一样。下面以图 10-10 所示的精益 TPM 管理推行组织为例来介绍。

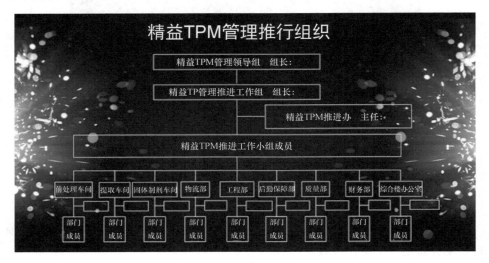

图 10-10　项目推进组织架构

企业项目推进组织主要由两部分组成：项目领导组和推进工作组。项目领导组基于企业战略和变革管理来领导整个项目，在项目的关键节点对项目进行决策、指导和支持；项目推进工作组负责项目日常的上传下达和实施落地。咨询公司的领导和顾问团队也分别进入企业的项目领导组和推进工作组，企业各部门负责人一定要作为实施组主要成员存在，这有利于项目实施工作的开展。根据这些方面确定项目推进组织结构图。

在五星班组项目启动会前，要结合"实施方案"和"五星班组实施年度计划"，准备启动会演讲稿，并由相关顾问评审这些文档。启动会讲稿应根据企业现状，进行项目基本概念和理念的宣讲，起到"统一认识"的作用，同时让企业了解项目的实施过程和实施应注意的问题，以及如何配合项目组开展实施工作等。

最后，顾问组与公司针对启动会的有关事宜进行沟通、协调，包括启动会的重要性、必要性和启动会的议程，召开的时间、地点和所用时间，必须参加的人是哪些、能否参加，启动会的场地和设备是否齐全等。项目组根据与公司针对启动会有关事宜进行沟通、协调的结果，编写"五星班组项目启动会通知"，并以正式的方式向公司发出。

启动会准备的一些注意事项：启动会议是项目开工的正式宣告，参加人应该包括项目组织机构中的关键角色，如管理层领导、项目经理、供应商代表、客户代表、技术人员代表等（可以邀请周边邻近企业），起到宣传和重视的效果；讲稿一般要由顾问专家、企业高层或经验丰富的项目经理来讲；"五星班组项目启动会通知"在发出前，项目组一定要将其内容提前与公司信息系统负责人进行沟通和协调，使该负责人明确理解和配合进行启动会的准备工作。通知发出后，项目组也要及时与该负责人联络。

2．召开五星班组项目启动会

五星班组项目启动的准备工作完成后，就可以召开项目启动会议了。

五星班组项目启动会的议程如图 10-11 所示，一般包括：公司领导主持会议、会议议程介绍、项目实施方案、项目组织机构介绍、公司五星班组项目组织机构人员构成及工作职责。

图 10-11　五星班组项目启动会的议程

在启动会上，要明确项目实施组织机构相关人员职责、项目实施过程中双方工作模式，相关规定、项目实施范围、项目实施计划时间安排，保证项目组在实施过程中严格遵守、认真贯彻实施计划、实施规定，顺利实施项目。

在启动会上，五星班组顾问方项目负责人要介绍五星班组项目实施方案，主要应包括以下方面：

- 项目整体框架；
- 各系统功能介绍；
- 项目实施进度安排；
- 实施方领导发言表态；
- 公司方领导发言表态。

案 例

　　福耀集团的五星班组从 2016 年开始试点，2017 年全面展开。作为当时福耀集团中国区最大的新工厂，福耀天津汽玻在实现工厂正常运营后，于 2018 年也迅速加入到五星班组的建设中。图 10-12 为天津汽玻五星班组启动大会合影。

图 10-12　五星班组启动大会合影

启动会应强调的有以下事项：

　　1）确认业务目标和承诺，与高层探讨项目实施与原有工作的冲突问题，以及项目开展带来的工作模式的变革等，建议高层参与相关活动，制定相关制度或奖惩措施来保证项目的成功实施。如：启动会议上高层经理对坚决支持五星班组项目实施的表态等。

　　2）根据企业情况，五星班组项目推进组再次强调项目实施相关的奖惩政策。

　　3）五星班组项目实施计划贯穿到厂级领导（一般为副总或总工）或相关业务部门领导的工作计划中。

4）五星班组项目实施任务明确分解到各部门的工作计划中。

5）五星班组项目在遇到公司各部门、车间、班组等管理者和员工习惯改变的挑战时，需要请各部门积极配合；

6）强调公司基层领导"一把手"参与的思想，并强调此举是项目成功的关键。

3．项目启动会总结

会后项目组与公司共同对项目启动会的完成情况进行总结。

收集、整理、填写项目启动会的相关文档："五星班组项目启动会总结"，包括"五星班组项目启动会到会人员签到表""项目启动会会议议程完成情况表""会议记录"。项目组应认真整理项目启动会的会议记录，将启动会的思想贯穿到项目实施小组中去，达到项目以后能顺利实施的效果。

另外，如有必要，项目组要根据启动会形成的决议，及时修改"五星班组实施方案""五星班组实施改善周计划"、项目组织结构等信息。

10.2.3　选择"特区"，打造样板线

变革的起始阶段，试点突破尤为重要。需要选择合适的"特区"，打造工厂的样板线。

1．选择现场主管改善意识强的样板区

因为在推进 6S 时，会遇到各种各样的困难和挑战，只有现场主管积极主动改善，6S 的推展才有可能短期内见效，取得初步成果。

2．选择容易取得成果的区域或部门

选择合适的样板区，即容易取得成果的区域或部门，改善起来可以立竿见影，能够产生有视觉冲击力的 6S 效果。通过短期集中的 6S 活动，使管理现场得到根本的改变，特别是一些长期脏、乱、差的地方得到了彻底的改观，这样可以提高员工改善的积极性。样板区打造可采用一周一标杆推进模型开展，如图 10-13 所示。

如果推进的项目太难，短期内不容易取得效果，就会挫伤员工的积极性，打击员工的改善激情。例如，可以先从改善员工的食堂、洗碗池及洗衣台环境开始，投入少量的资金整理好与员工切身利益相关的环境，拉近他们心理上与"6S 管理"的距离。

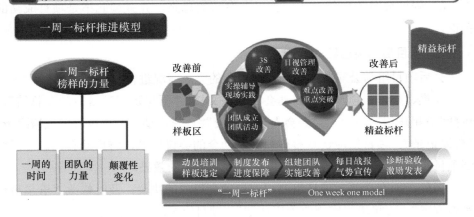

图 10-13 一周一标杆推进模型

3．优先考虑迫切需要改善的项目

让一些影响较大、不可以拖延的迫切需要得到解决的项目优先得以解决。如对机修间、脏乱的车间、五金库、办公室等有代表性的地方进行五星班组 6S 目视化样板区打造。

4．所选择的样板区应具有一定的代表性、普遍性

不然，如果该部门的问题与改善不具备普遍性，部门的成功或经验就很难有说服力，难以达到预期的效果，无法给其他部门提供示范和参考作用。

10.2.4　五星班组项目持续推进

样板区的打造和五星班组的项目推进都是采用改善周的方式，都是按照"一周一标杆"的模式展开。下面以样板区打造的第一个改善周为例来说明。如图 10-14、图 10-15、图 10-16 所示分别为样板区打造的第一天、第二三天、第四天。

样板区的活动，主要是针对整理、整顿和清扫这 3 个 S 来开展的。值得注意的是，五星班组 6S 目视化样板区的活动必须是快速而有效的。因此，应该在短时间内突击进行整理，痛下决心对无用物品进行处理，进行快速的整顿和彻底的清扫。

	STEP0 事前准备事项确认
第一天	STEP1 团队组建
	STEP2 项目启动大会（宣誓行动）

图 10-14　样板区打造的第一天

第二天	STEP3 日例会召开
	STEP4 现场改善实践
第三天	STEP5 重点改善工作讲解
	STEP6 顾问现场巡回指导

图 10-15　样板区打造的第二三天

	STEP7 预验收，横向学习
第四天	STEP8 公共区域问题落实
	STEP9 周总结报告编制

图 10-16 样板区打造的第四天

在样板区的改善中，我们应注意进行过程记录和结果记录（图 10-17），为下一步效果的确认准备详细的第一手材料。

一丝不苟，工匠精神！

定品定量，合理规划

分区定责，方便高效

团结协作，全员参与！

图 10-17 过程记录和结果记录

在五星班组 6S 目视化样板区推进过程中，用照相机将改善前、改善后公司的状况拍摄下来做记录，以便于进行效果对比。拍摄内容可包括：公司现场的布置情况，原材料、设备的放置等。要注意将实施的方法与经验进行标准化，制定成规章制度，便于在随后的过程中进行推广。

样板区打造过程中，每天举行样板区打造战况点检会（图 10-18），并及时发布如图 10-19 所示的样板区打造每日战报示例。

样板区召开战况点检会,顾问老师评价昨天各样板区的工作进度,讲解工作中存在问题;
讲解样板区亮点制作方案及标准、布置各样板区下一步工作计划。

图 10-18　样板区打造战况点检会

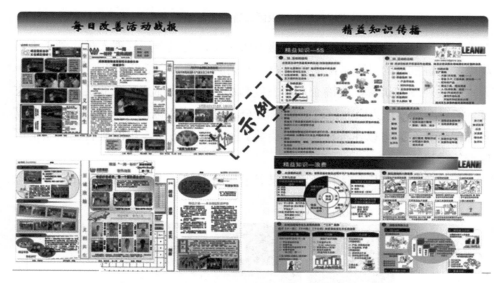

图 10-19　样板区打造每日战报示例

　　五星班组 6S 目视化样板区活动推进工作告一段落后,样板区打造的第五天,应立即着手准备样板区改善成果总结发表(图 10-20)、经验分享和观摩。总结时,可以对前期工作进行全面的分析、总结、评价。将在推进过程中出现的问题、注意事项、解决的方式、处理结果及如何避免此类事情的发生等做一个全面的报告与分享。

图 10-20　样板区改善成果总结发表

　　样板区整改完成后，由企业高级主管带头，组织全厂管理人员、骨干人员观摩，讲解推进的过程、出现的问题、改进的结果与注意事项等。

　　通过观摩和讲解，明确企业的态度和决心，打消部分员工的疑虑和观望态度。把观摩过程作为企业推进五星班组 6S 目视化样板区的一次现场学习会，使各部门、各车间可以在样板区学习借鉴到一些好的方法，再回到自己负责的区域继续推进。

　　五星班组改善周打造样板区成果展示如图 10-21、图 10-22、图 10-23 所示。

图 10-21　样板区成果展示-生产区

精益五星班组成果展示-仓库区

图 10-22　样板区成果展示-仓库区

精益五星班组成果展示-办公区

图 10-23　样板区成果展示-办公区

　　五星班组推进中每月的改善周，跟样板区打造的模式基本相同，不同的是每个改善周的内容。内外部顾问在改善周实施的一周前，必须提供改善周的计划，改善周的第五天进行总结发表，制定后续三周的行动计划并跟进落实。

10.2.5　五星班组项目的高阶诊断

　　我们在十几年的企业咨询实践中，总结出了非常多的项目管控秘籍，高阶诊断就是其中之一。对于五星班组项目管理来说也不例外，高阶诊断对于项目成败一样非常关键。

1．高阶诊断时一定要注意时间节点

　　项目按照年度实施计划，每推进一个阶段，需要对项目进行高阶诊断。按

时间来区分的话，一般是每季度或者每半年进行一次高阶诊断；按进度来区分的话，一般是项目进度每完成三分之一或者二分之一时进行一次高阶诊断。

2．高阶诊断的参与者与作用

1）高阶诊断的定义。顾名思义，就是企业和咨询公司的高阶管理层参与的诊断。

2）高阶诊断的参与者。多高层级的领导才算高阶呢？企业精益和五星班组推进组织主要由领导组和推进工作组组成，日常的项目推进与管理由推进工作组担当，高阶诊断时，咨询公司和企业领导组的主要成员必须参加。除此之外，为了用项目的实际结果现身说法，根据项目的需要，也可以扩大高阶诊断的参与者的范围，比如，表现较好的团队和个人，客户或者供应商代表等。

3）高阶诊断的作用。高阶诊断在项目推进中，起着非常重要的作用。越大的项目，高阶诊断的价值越大。通过项目高阶诊断的阶段性评估，达到以下目的：

- 客观界定项目的成果并呈现出来，激发团队继续推进项目的热情。
- 发现企业经营、管理和五星班组项目中的问题和潜在风险。
- 项目领导组、推进室和项目成员对项目的质量、成本、时间（QCT）达成共识。
- 确认项目的方向和策略，更新实施计划。
- 表彰团队和个人，通过聚餐、聚会提升士气，强化变革凝聚力。

3．高阶诊断的实施流程

1）企业项目前期数据信息的搜集。

2）为了高阶诊断，咨询公司与企业高层沟通。

3）高阶诊断前咨询团队的讨论会议。

4）确定高阶诊断的方法论和执行流程。

5）高阶诊断计划发布。

6）高阶诊断首次会议。

7）高阶诊断的具体诊断过程。

8）高阶诊断末次会议。

9）高阶诊断后续计划跟踪。

2020 年 1 月 8、9 日，我们对华阳集团下属子公司信华精机的五星班组和精益运营项目实施进行了年度高阶诊断（图 10-24），梳理出了后续项目的策略，更新了 2020 年的行动计划。

图 10-24　年度高阶诊断

★★★★★ 10.3　内外部顾问的合作模式 ★★★★★

在五星班组推进过程中，对于有条件的企业，我们都建议采用内外部顾问的合作模式。

什么是内外部顾问的合作模式呢？就是"咨询公司的外部顾问+企业的内部顾问"一起推进，一起成长的模式；外部顾问以导入新内容为主，内部顾问以复制推广为主，内外部顾问对五星班组的实施落地共同负责。

五星班组建设过程中为什么要采用内外部顾问的合作模式？

1）精准定制：由于有内部顾问参与，五星班组项目从规划开始就更贴近企业的现状、更贴近企业的人和文化，精准定制不能说百发百中，至少命中率要高得多。

2）承接落地：由于内部顾问全程参与辅导，对于外部顾问的辅导进行承接、引导、协同，落地效果要好得多。

3）复制推广：由于外部顾问以导入新内容为主，内部顾问以复制推广为主，这样复制推广的速度要快得多。

4）效果固化：大部分企业在请外部咨询公司导入精益管理或者五星班组这类的变革时，都会出现"顾问在时还不错，顾问离开全带走"的情况。有了亲身实践过辅导和复制推广的内部顾问，比仅仅只有外部顾问，固化效果要牢得多。

5）人才培养：在五星班组建设的过程中，内部顾问会逐步被训练成为内训师、精益绿带甚至黑带。这种担负责任、实践实干中培养起来的精益专家，实际能力会很强。

6）投入少，效益高：一般来说，内外部顾问的工作量之比为 8∶10，像福耀集团、华润集团和许继集团的内部顾问辅导工作量基本接近这个比值，这也是为什么这些企业的咨询效果好。而且，由于内部顾问承担了近一半的辅导工作，外部咨询顾问的人天数也接近减半，为企业节约了一笔可观的咨询费用。尤其是福耀，内部顾问承担的工作量甚至超过外部顾问。

第 11 章

五星班组的晋星流程

挑战无止境！

★★★★★ 11.1 精益星级班组晋星标准制定 ★★★★★

企业在五星班组项目推进规划中，为确保项目推进效果，挖掘各班组改进亮点，鼓励先进，营造比学赶帮超的氛围，需要在所有推行五星班组的试点班组及复制班组，进行五星班组星级认证工作，从而达到阶段性的激励效果。

11.1.1 晋星认证等级

星级班组分为"一星班组"、"二星班组"、"三星班组"、"四星班组"和"五星班组"五个等级。在推行五星班组的第一年，重点先进行一星班组和二星班组认证，每个星级评价时间间隔为 6 个月，为后续的五星班组建设奠定基础。五星班组项目规划周期为 3 年，3 年时间达到五星的水平。

11.1.2 晋星评价方法

将采用看板、察物、问人和会审等方法。

- 看板：查看看板各模块内容的完整度、使用度和有效性等；
- 察物：查看现场 3S、资料记录和改善亮点等；
- 问人：抽查现场员工精益理念认知、星级班组相关知识和现场改善活动开展等；
- 会审：各级评审人员针对诊断记录进行评审、总结。

11.1.3 晋星评价标准

1.一星评价标准

1）在认证标准中，两个核心名词的定义如下：

- **百分比**：若评价分数<满分所要求的分数，此项得分=评价分数/满分所要求的分数×权重，作为其最终得分（例：某一班组前 3 个月的班会评价平均分为 78 分，满分要求的分数是 80 分以上，则此项的分数为=78/80×10）。

- **改善度**：改善度的值=改善值/改善空间。若为百分比，则改善度=（实际值−基准值）/（理想值−基准值）；若为数值，则改善度=（实际值−基准值）/基准值。

2）五星班组一星认证评价标准总表见表 11-1。

表 11-1 五星班组一星认证评价标准总表

项目		评 价 内 容	分值	评价方法及标准
班组建设	1	班会评价（每月）	10	取活动开展的任 3 个月的平均值
	2	班组活动看板	20	随机抽取任一名一线员工，针对看板进行现场解说
	3	改善提案	20	提案每个月 0.5 条/人得 10 分
	4	红黄旗评价	20	对报告会上的结果进行评价，90 分以上得 20 分
	5	精益基础理论考试	5	五星班组基础知识考试试卷成绩
	6	指导员/五大员知识能力	15	指导员/五大员通过认证
现场管理	7	工装/模检具三定管理	10	现场审核
	8	在产品分类管理	10	现场审核
	9	物料三定管理和安全库存管理	15	现场审核
	10	环境及自主改善管理	15	现场审核
	11	设备 3S 目视化管理	10	现场审核
关键指标	12	成品率	30	取近 3 个月的累计值，查看财务数据报表
	13	制造费用单耗	30	取近 3 个月的累计值，用车间的指标来衡量班组，查看财务数据报表
	14	人均劳动生产率	30	取近 3 个月的累计值，查看财务数据报表
	15	工伤/批量质量事故件数	0	重大事故取消认证资格
			240	总得分超过 200 分时可以提请二星诊断，二星诊断时要包含 TPM 内容

3）五星班组一星认证现场管理评价表见表 11-2。

表 11-2 五星班组一星认证现场管理评价表

序号	管理项目	评价标准	分值	备注
1	工装/模检具三定管理（10）	1）工装/模具/检具/样件无损坏，表面清洁无污染	2	
		2）工装/模具/检具/样件有明显的标识，可以和其他物品明显区分	1	
		3）工装/模具/检具/样件管理台账、标签完备，纳入质量或设备管理系统	2	
		4）工装/模具/检具/样件进行定位管理，明确标明定位位置、数量、管理责任者	3	
		5）工装/模具/检具/样件定位的位置位于实际使用场所或其距离最近位置	1	
		6）工装/模具/检具/样件定位的位置没有阻碍作业或物流通道的顺畅，不能遮挡安全设施（灭火器、消防栓等）	1	
2	在产品分类管理（10）	1）作业区内明确区分良品、可疑品、不良品的定位区域	2	
		2）现场内的产品摆放清楚，没有摆放混乱或超出定位区域的现象	2	
		3）可疑品、不良品处理及时，可疑品、不良品的数量不超过 6 件	3	
		4）料架/周转架摆放位置合理，员工取拿零件时，没有出现长距离搬运的现象	1	
		5）产品不能遮挡安全设施（灭火器、消防栓等），物流通道流畅	2	
3	物料三定管理和安全库存管理（15）	1）物料包装完整、无破损，表面清洁无污染（无尘车间内的物料进入前要去掉纸质包装）	2	
		2）物料进行定位管理，明确标明定位位置、数量、管理责任者	4	
		3）物料定位的位置位于实际使用场所或其距离最近位置	3	
		4）物料进行了定量管理，明确表明最大和最小库存，并进行了目视化管理	4	
		5）物料定位的位置没有阻碍作业或物流通道的顺畅，不能遮挡安全设施（灭火器、消防栓等）	2	
4	环境及自主改善管理（15）	1）现场的门处于正常关闭状态，通道通畅，无障碍物	1	非无尘车间的现场门管理为 2 分
		2）无尘车间风淋门正常工作，处于自动状态（无尘车间适用）	1	
		3）针对清扫难部位、污染发生源、作业困难点制作了自制工具	2	
		4）对自制工具进行定位管理，明确标明定位位置、数量、管理责任者，并将其纳入到标准管理体系	1	
		5）现场自主改善亮点（如减少动作浪费、搬运浪费等改善亮点）	10	
5	设备 3S 目视化管理（10）	1）设备运行状态正常，表面清洁无污染	2	
		2）设备运转部位、驱动部位运行平稳，无异响，周边无油污、异物等污染	3	
		3）关键设备的仪表进行目视化管理（正常状态、预警状态、异常状态），并定期进行检查	3	
		4）未出现预警和异常的状态，如出现异常状态需要进行挂牌管理	1	
		5）设备点检记录完整	1	

2．二星评价标准

二星班组评价满分300分，诊断维度为班组建设、现场管理、设备TPM、关键指标四个维度，诊断得分达240分及以上的即可通过本级认证诊断。

五星班组二星认证评价标准见表11-3。

表11-3　五星班组二星认证评价标准

项目		评价内容	分值	评价方法及标准
班组建设	1	班会评价（每月）	10	取活动开展的任3个月的平均值
	2	班组活动看板（每月）	20	随机抽取任一名一线员工，针对看板进行现场解说
	3	改善提案	20	提案每个月0.5条/人得10分，
	4	红黄旗评价	20	对报告会上的结果进行评价
	5	基础理论考试平均分数	5	五星班组基础知识考试试卷成绩
	6	指导员/五大员知识能力	15	指导员/五大员通过认证
现场管理	7	工装/模检具三定管理	10	现场审核
	8	在产品分类管理	10	现场审核
	9	物料三定管理和安全库存管理	15	现场审核
	10	环境及自主改善管理	15	现场审核
	11	设备3S目视化管理	10	现场审核
设备TPM	12	清扫标准100%建立	20	所有设备100%建立清扫标准
	13	设备故障数据收集体系完善	20	建立完成设备故障数据收集体系，查看故障数据报表
	14	设备故障率（样板设备）	20	查看数据报表
关键指标	15	成品率	30	取近3个月的累计值，查看财务数据报表
	16	制造费用单耗	30	取近3个月的累计值，用车间的指标来衡量班组
	17	人均劳动生产率	30	取近3个月的累计值，查看财务数据报表
	18	工伤/批量质量事故件数	0	重大事故取消认证资格，发生1起工伤/批量质量事故时扣10分，最多扣20分
			300	

3．三星评价标准

三星班组评价满分360分，诊断维度为班组建设、现场管理、关键指标、设备TPM、效率管理五个维度，诊断得分达300分及以上的即可通过本级认证诊断。

4．四星评价标准

四星班组评价满分420分，诊断维度为班组建设、现场管理、关键指标、设备TPM、效率管理、品质管理六个维度，诊断得分达360分及以上的即可通过本级认证诊断。

5．五星评价标准

五星班组评价满分 500 分，诊断维度为班组建设、现场管理、关键指标、设备 TPM、效率管理、品质管理、人才培养七个维度，诊断得分达 420 分及以上的即可通过本级认证诊断。

★★★★★ 11.2 精益星级班组晋星三级验收 ★★★★★

五星班组星级认证采用工厂、子公司推进办、子公司总经理三级诊断和集团评审的"3+1"认证模式（图 11-1）。

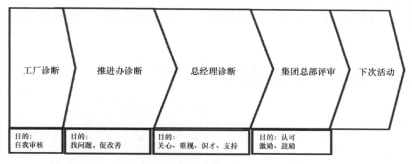

图 11-1 "3+1"认证模式

1．公司 1 级认证

凡在认证范围内的班组可根据"评价标准表"进行自我诊断评估，对于满足评价标准条件的，提报"五星班组星级认证申请书"（表 11-4），上交至工厂；由工厂组织专家进行诊断，通过星级认证条件的，由工厂报至子公司推进办。

表 11-4 五星班组星级认证申请书

申请认证星级：					
车 间 名		班 组 名		小 组 人 数	
自我诊断日期		自我诊断分数		申请诊断日期	
班会评价平均分		班组活动看板评分		红黄期评价平均分	
提案件数		成品率		工伤事故件数	
制造费用单耗		精益基础理论考试平均分数		现场管理得分	
人均劳动生产率		指导员/五大员知识能力		精益黄带通过率	
清扫标准是否100%建立		设备故障数据收集体系是否完善		设备故障率	
特殊情况说明：					

2. 公司 2 级认证

公司推进办组织认证专家小组对申报认证的工厂班组按照认证评价标准进行认证，通过推进办认证的班组将报公司总经理进行认证。

3. 公司 3 级认证

公司总经理组织认证专家对工厂星级班组按照认证评价标准进行认证，通过总经理认证的班组名单及材料上报至集团总部，集团将组织专家按照评价标准对各子公司的认证诊断结果进行抽查评审。

4. 集团评审

抽查评审：集团根据各子公司提报申请的班组名单，进行现场抽查评审，抽查比率可以由评审专家组协商确定。

各级诊断与评审均按照同一流程同一评价标准进行。星级班组认证评价流程见表 11-5。

表 11-5　星级班组认证评价流程

步骤	名　称	主要事项	图　示	人员	时间
1	班组迎接评审团	1) 班组成员列队、报班组名字和口号； 2) 一般选择在班组活动看板前列队； 3) 展示班组士气及风采		班组长及成员	1
2	星级班组推进总体情况汇报	1) 总结汇报所推进事项、推进成果； 2) 可结合改善前、改善后图片		班组长及成员	10
3	看板展示讲解	1) 随机抽选五大员进行整体组织结构、各模块最新进展及本月开展结果、员工活动等的介绍； 2) 看板内容更新情况； 3) 看板各模块逻辑关系正确明晰		班组长及成员	5

（续）

步骤	名　　称	主要事项	图　示	人员	时间
4	知识点抽查	1）对本岗位职责（含五大员）了解准确明晰； 2）熟练掌握五星班组建设基础知识； 3）OPL培训到位		五大员/普通员工	5
5	改善亮点展示	1）抽取3～5个改善亮点，可选择参与改善的员工进行实地讲解； 2）表达条理清晰，强调前后改善情况		班组长及参与成员	10
6	现场管理巡查	重点检视现场3S、目视化、工装、检具、物流等		班组长	20
7	分数汇总及最终结果确认	1）各模块主要评价人员需简要描述现场问题点（拍照留存）； 2）评价组汇报各自负责模块分数及现场情况，其他评委酌情打分		/	9
总计					60

11.3 精益星级班组晋星和摘星管理

11.3.1 星级班组晋星管理

按照图11-2所示的晋星标准，凡通过工厂、公司推进办、公司总经理三级诊断和集团抽查评审"3+1"的星级认证班组，由集团总部授予相应的星级资质及荣誉表彰。

0　　200分≤一星<240分≤二星<300分≤三星<360分　≤四星<420分　≤五星<500分

图 11-2　晋星标准

1）准备：对照相应星级评分标准，班组应在做好充足准备的基础上，逐级通过工厂、公司推进办、公司总经理三级诊断，每级诊断过后，需要形成诊断记录表，包含评议分数、结果、诊断意见及诊断签字等文档材料。

2）计划：子公司应该在集团半年评审月份提前一个月，向集团提交星级评定申请材料，集团星级评定专家小组提前做好各子公司星级评审计划。

3）评定：集团星级评定专家小组根据评审计划在一个月之内，对各子公司有计划地进行现场打分评定。专家小组根据星级相应评定标准，对于评定达标的班组，由集团评定机构评定结束后，在五星班组认证总结大会（图 11-3）上，授予各班组相应的星级证书和集体荣誉标识（大拇指、荣誉之星及星级工牌）。

4）对于在诊断认证过程中没有通过的班组，将由相应的评定专家组给出意见反馈，各班组针对反馈意见进行整改建设后，在下次认证时再行申报。

图 11-3　五星班组认证总结大会

11.3.2　星级班组摘星管理

1）复审之一。各子公司向集团提交星级申请前，必须做好充足的准备。若专家小组在评定结果后发现其评定分数非但达不到申请星级分数标准，甚至还未达到原有的星级标准，该班组必须在 1 个月之内进行整改，并要通过"3+1"模式重新复审，若通过复审则保留原有星级，如果还是没有通过复审，评定小组有权根据具体情况签发警告通知书、通报批评、降低或者取消星级。

比如，二星 A 班组本次 8 月份申请三星级班组认证，但在专家小组根据认证标准评审结果只有 238 分（二星为 240～300 分、三星为 300～360 分）。那么 A 班组将收到评定小组警告整改通知书，一个月之后再重新复审。若复审分数在 240～300 分范围内则保留原有二星荣誉，若复审分数低于二星通过分数标准，则该 A 班组将收到降星处理，并在集团范围内公示处理结果。

2）复审之二。若星级班组发生安全事故及重大质量事故（损失金额大于五千元）投诉时，该星级班组必须进行评定专家小组"3+1"模式重新复审，评定小组有权根据具体情况签发警告通知书、通报批评、降低或者取消星级。

3）抽查：除了复审星级班组外，各级评定小组可随时对星级班组进行不定期的暗访或者抽查审核，如发现班组任何一项标准达不到要求，评定小组有权对星级班组发出具体的警告整改通知书、通报批评、降低或取消星级。

4）凡是在一年内接到一次警告通知书的星级班组，根据复审结果保持或者降到相应星级，凡是在一年之内接到超过两次或者两次以上通报批评的星级班组，集团评定专家小组有权降低或者取消该星级班组，并向全集团公布。

第 12 章

五星班组的最高境界

走老路，到不了新地方！

★★★★★ 12.1 Dream-line 挑战与自主经营 ★★★★★

12.1.1 Dream-line 挑战的含义、方法和推进流程

Dream-line，翻译成中文就"梦想线"；Dream-line 挑战，就是通过挑战，达成极限目标的梦幻生产线的活动。这个活动用英文来准确地表达，是 GAME，是制造型企业基于企业极限目标进行的游戏或者带有娱乐性的比赛活动。这个活动真正起效之处在于它很好地把非常严肃的制造产品和非常开心的"GAME"有机地融合在一起了，再加上激励创新和每年一度的改善大会，充分激发了人类的天性和人性，寓"产"于乐，实现班组的自主管理与自主经营。

这个活动起源于韩国三星，在我们还在三星工作的 20 世纪 90 年代末的那几年，是这个活动的鼎盛时期，当年三星各社 Dream-line 挑战的领导精英，把这个活动在中国区开展得风生水起，加入了很多中国特色的活动和文化，也创造了 Dream-line 挑战在韩国本土以外推进的许多特色。

2007 年后，随着进入咨询行业，我们逐步把 Dream-line 活动在中国的一些先进企业小范围地导入，取得了可喜的成果，也获得了非常多三星之外推进的宝贵经验，根据中国本土企业的特点，持续不断地做了很多修正和改良，并逐步将其整合到五星班组建设中，成为五星班组的最高境界的挑战。

要想理解 Dream-line 挑战活动的价值和意义，我们认为，应该首先了解这个活动到底是如何开展的，所以，我们接下来介绍 Dream-line 活动的含义、方法和推进流程。

1. 设定极限目标

围绕 DCDMSP 六个方面，梳理出每个班组的 KPI。KPI 的梳理原则是由外及内，也就是先客户，后内部。这个客户既包括外部客户，也包括内部客户。通过大家的讨论，确定这些 KPI 的现状、历史最好水平和大家认为可以达成的极限目标（表 12-1）。

表 12-1　极限目标设定表

目标	KPI	目前水平	历史最好水平	极限目标
Q（Quality）品质				
C（Cost）成本				
D（Delivery）交期				
M（Morale）士气				
S（Safety）安全				
P（Productivity）效率、生产力				

以此类推，制定车间、工厂的极限目标。

2. 单项 Dream-record 挑战和跨班组跨部门的 Dream-line 挑战

有了这些极限目标以后，挑战的靶子就有了。接下来需要设计比赛的项目和游戏规则。主要有两种挑战：单项 Dream-record 挑战和跨班组跨部门的 Dream-line 挑战。

单项 Dream-record 挑战等同于运动会的单项比赛，极限目标相当于纪录，破纪录就有奖。比如，某型号产品的 8 小时产量的极限纪录是 50000 枚/班，可以设定超出这个目标的奖励是班组成员每人奖励 50 元。那么，任何一个班，如果超出这个纪录，当班下班后，就可以立即去领奖。

跨班组跨部门的 Dream-line 挑战，参与挑战的是一条线（Line），比如，对于一个面向机构的中间产品（ToB 业务），从投料到成品，牵涉到的所有班组都需要达成极限目标。一条线上的任何一个班组没达成目标，包括客户端没达成目标，挑战即宣告失败。

3. 不断增加 Dream-line 挑战的时长

那么，一条线生产多长时间，算达成了极限目标呢？

这个时长是 Dream-line 挑战的关键，这与当下非常流行的一项运动"平板撑（plank）"颇为相似。只不过，平板撑的时长从 1 分钟（60 秒）开始，Dream-line

挑战的时长从 1 小时开始。如果 1 小时挑战成功，就挑战 2 小时，然后 4 小时、8 小时，……以此类推，成倍增加。所以，这个活动也叫作 Dream-time 挑战。

那么这个时长的上限是多少呢？这要看什么行业、什么产品、目标到底有多极限而定。一般情况下，Dream-line 挑战 1 周（7 天，168 小时），就很高了。

Dream-line 挑战始终是与激励创新捆绑在一起的，针对不同的时长，挑战难度不一样，激励机制一定要配套。简单地说，就是挑战升级，激励升级。激励中可以有现金激励，但一定不能只有现金激励，需要各种激励组合，能调动各层级的人。一个只为"金元"战斗的部队，最终一定无法取胜。

通俗地讲，Dream-line 挑战"既要结果好，又要玩得嗨"。所以，要认真学习激励的基本理论，在充分理解的基础上，发挥团队的创意创新思维，最好有超出大家想象的激励，惊掉大家的下巴，所以叫作激励创新。

2013 年，我们在华润怡宝开展标杆工厂建设，通过 Dream-line（梦想生产线）挑战活动（图 12-1），打造六星级工厂。

图 12-1　Dream-line （梦想生产线）挑战活动

4. 从一条线推广到整个工厂、整个公司

比 Dream-line 挑战更牛的是 Dream-factory 挑战，也就是把工厂内所有的生产线都纳入挑战中来。如果一个公司有很多工厂的话，那么就可以放大到整

个公司。一个工厂的所有线同时挑战，一个公司的所有工厂同时挑战，那该有多壮观、多振奋、多快乐呀！

12.1.2　Dream-line 挑战的价值和意义

本书只对 Dream-line 挑战做一个简单的框架性介绍，更多细节需要在推进过程中边实践、边理解、边创造。

1）Dream-line 挑战创造了企业经营的新的内涵，丰富了企业经营的内容和形式，把企业从一个生产服务机构，转变为一个基于生产服务的员工自我实现的平台，转变为员工尽情展现自我的舞台，在班组层面实现自我管理与自我经营。

2）员工在这个平台上，成为企业的真正主角。而班组长以上的管理者，他们是这个平台的创造者和维护者，他们是游戏规定的制定者、裁判和工作人员。员工在这个平台上展示自我、提升自我，在这个平台上破纪录。就像奥林匹克运动会，他们是全世界瞩目的明星，他们的业绩（纪录）将载入公司史册，而各级管理者只是这场盛会的服务人员。

3）在这个平台上，所有的挑战都是以团队形式完成的，最少一个班组，多的时候一条线十几个班组共同完成。

4）这个平台，最终会完成企业的两个目标的完美融合：组织目标和个人目标。企业会获得良好的绩效和巨大的收益，管理者和员工的收益也会水涨船高，而且通过充满激情的追求、快乐的工作、主动地培训学习，他们的能力也会快速提升。企业、管理者和员工都是这个平台的赢家。

5）这样的平台，才会真正回归到企业的本质：完美的客户体验和高效的内部运营。

6）纵观全球，枯燥刻板的制造业越来越难吸引年轻人，人力资源紧缺的问题持续加剧。实践证明，在中国，五星班组和 Dream-line 挑战这样的平台，符合新生代员工的时代特征，是新生代员工加入制造业、融入制造业、振兴制造业的诺亚方舟。

★★★★★　　　**12.2　激励创新**　　　★★★★★

Dream-line 挑战在实践上对管理学的发展贡献巨大，尤其是在管理心理学上。激励创新将大大促进管理心理学的经典理论在实践中的充分应用和理论上的与时俱进。

12.2.1 激励及其经典理论

1. 激励的定义

激励就是激发人从事某种活动的内在驱动力的心理过程。激励分为正激励和负激励。

1）**正激励**：对个人或团队符合组织目标和价值观的行为通过奖励进行激发和强化。

2）**负激励**：对个人或团队不符合组织目标和价值观的行为通过惩罚进行打击和制止。

无论是正激励还是负激励，都是管理的手段，目的都是激励个人或集体往更好的方面进步。但在实施过程中，两个方向的激励容易让人产生不一样的反应，尤其是负激励，要适可而止。

2. 激励与动机：马斯洛五层次理论

激励来源于动机，来源于需求。产生于1943年的马斯洛五层次需求理论（图 12-2），深刻地揭示了激励与需求之间的关系。

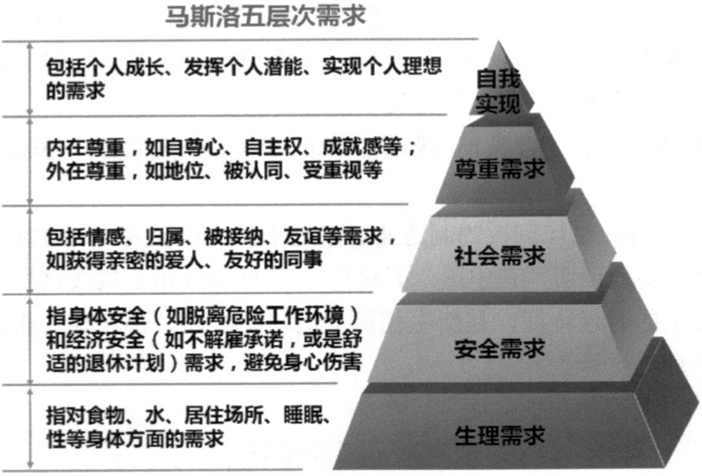

马斯洛五层次需求

包括个人成长、发挥个人潜能、实现个人理想的需求	自我实现
内在尊重，如自尊心、自主权、成就感等；外在尊重，如地位、被认同、受重视等	尊重需求
包括情感、归属、被接纳、友谊等需求，如获得亲密的爱人、友好的同事	社会需求
指身体安全（如脱离危险工作环境）和经济安全（如不解雇承诺，或是舒适的退休计划）需求，避免身心伤害	安全需求
指对食物、水、居住场所、睡眠、性等身体方面的需求	生理需求

图 12-2　马斯洛五层次需求理论

从马斯洛五层次需求理论可以知道，企业管理者除了考虑员工薪酬待遇的需求（即满足员工衣食住行的生理需求）外，还应考虑考虑员工其他方面的需求，包括安全需求、社会需求、尊重需求和自我实现需求。

需求依次由低到高，当低层次的需求满足后，这一层次的需求就不再成为激励因素，追求高层次的需求会成为驱动员工行为的动力。但任何层次的需求都不会因为更高层次需求的发展而消失，高层次的需求发展后，低层次的需求仍然存在，只是低层次的需求对行为的影响大大降低。

同一时期，员工同时会有多层次需求，但只有其中一个层次占主导地位，对行为起决定作用。企业管理者应当调查激励对象当前的主导需求，并在这个层次进行激励，方能发挥出激励的最大效果。举个通俗的例子，比如在某个时期或者阶段，有的员工偏好于发奖金，有的员工偏好于休假旅游，有的员工希望介绍男女朋友，有的员工希望获得培训提升等。管理者应当了解员工的主导需求，有针对性地激励，这样容易让员工获得心理上的满足，更好地发挥出激励的效果。

3. 激励与结果：双因素理论

根据双因素理论，人的需求分为保健因素和激励因素两类，如图 12-3 所示。

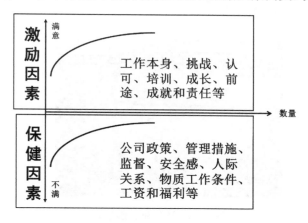

图 12-3　双因素理论

1）**保健因素**：对行为的激励作用不大，给得再多，员工也不一定就会"满意（更乐意去努力工作）"；但是如果给的不够，员工肯定会"不满（不乐意去努力工作）"。

2）**激励因素**：能够对人们的行为起激励作用，给员工在这些因素上的满足机会提供得越多，他们将会越满意（更乐意去努力工作）。

从双因素理论可以知道，在激励时，应将激励因素和保健因素有机结合、相辅相成。如给予员工奖品、奖金、薪酬、环境改善等保健因素，短期内固然能起到一定激励效果，但如果同时结合激励因素，如在企业平台宣传、树立其模范形象、给他培训、帮助他成长等，能使激励产生长期、强化的效果。

例如，参加奥运会是所有运动员的梦想，不仅是因为有机会获得奖牌、奖金，更是因为能获得巨大的荣誉感、成就感，享受来自全世界的掌声、赞美和未来美好人生的期许，为了获此殊荣，运动员们长年坚持不懈地刻苦训练，台下 10 年功地付出，就为了台上 1 分钟挑战他人、挑战自我，充分展现奥林匹克精神。

12.2.2　五星班组的激励创新

1．五星班组和 Dream-line 挑战的激励创新

五星班组和 Dream-line 挑战创造、实践了很多与众不同的激励方式，在现场跟员工握手、High-five、拥抱员工，吃冰淇淋、分蛋糕喝香槟、羚羊旗、蜗牛旗（图 12-4）、登山等。

图 12-4　羚羊旗、蜗牛旗

这些激励看起来并不复杂，但是当跟相应成果结合在一起，形成某种心理暗示以后，就产生了化学反应，这样的激励就会带来极大的心理满足感。一定要吃透激励的定义，"激励是激发人从事某种活动的内在驱动力的心理过程"，这里特别要注意最后四个字，激励是一个"心理过程"，而不是获得了多少物质奖励。

展开来讲一讲 S 企业在推进 Dream-line 挑战时对其中两项激励方式的应用：吃冰淇淋和 High-five。

吃冰淇淋：吃冰淇淋是我们生活中再常见不过的事了，请问有几次吃冰淇淋让你记忆深刻呢？可能基本没有。在 S 企业 Dream-line 挑战中，他们把吃冰淇淋跟破纪录链接起来。只要破了纪录，除了其他激励以外，还一定要吃冰淇淋。吃冰淇淋便成了破纪录的象征，就像拿冠军会得金牌一样。

High-five：也可以说 Give me five，意指双方举手相互击掌，用于打招呼或者相互庆贺。在保龄球运动中，是庆祝运动员"Strike（全中）"的一个经典庆祝动作。在 S 公司的 Dream-line 挑战中，High-five 是所有活动中加油和庆祝的招牌动作。想象一下，某一个时长的 Dream-line 挑战成功后，公司管理层所有成员，在下班时间站在公司门口，跟每一位经过的员工击掌 High-five，该多开心呀。

总之，当一个企业的总经理和各部门的部长们充分地参与到了激励创新中来，并且极尽娱乐之能事，这样的制造业一定会风生水起的。

我们在比亚迪第二事业部 RM1 工厂持续开展了以 TPM 为主的精益现场管理咨询，这里的年度总结会（图 12-5）不是"讲"出来的，全部都是"演"出来的，这种方式符合以 90 后为主流的新生代员工群体，表演的过程本身就是对员工的一种激励。

图 12-5 "演"出来的年度总结会

2．五星班组的晋星激励

按星级班组晋星管理办法，凡通过工厂、子公司推进办、子公司总经理三级诊断和集团评审"3+1"认证模式的班组，即成功晋星，授予相应的星级资质及荣誉表彰，进行现场激励、召开表彰大会激励，激励内容如下文所述。

（1）管理看板的星级荣誉标识

三级诊断每通过一级，班组就会获得对应星级的星级大拇指，并贴在五星班组活动看板的星级认证区，以示诊断认可。星级大拇指（图 12-6）的设计不但具有激励作用，还应符合企业文化。

图 12-6　星级大拇指

福耀集团的星级大拇指及粘贴效果如下（图 12-7）：通过推进办诊断层级开始，获得星级大拇指，大拇指粘贴在五星班组活动看板右下角的认证板区域。

五星班组认证板					
区分	一星	二星	三星	四星	五星
集团认证	👍				
总经理	👍				
推进办	👍				

图 12-7　星级大拇指粘贴在认证板区域

通过星级认证的班组，颁发荣誉之星，通过几星颁发几颗，如通过一星颁发一颗、通过五星颁发五颗，荣誉之星固定在五星班组活动看板的显眼位置。

福耀集团的荣誉之星为磁性金属五角星，五角星吸附在看板右上角（图12-8），星级等级耀眼夺目，班组星级荣誉感倍增。

图12-8　荣誉之星吸附在五星班组活动看板的整体效果

（2）颁发星级证书

除了在看板上体现星级荣誉外，还可以为通过认证的班组颁发星级认证证书。

（3）颁发奖金

每晋星一级，为晋星班组颁发一定数额的奖金，奖金可按功分配，也可用于班组集体活动。

（4）合影留念

班组全员与总经理、集团领导合影留念，鼓舞班组再接再厉。

（5）荣誉展示

公司宣传并展示通过星级认证的班组，如发公司新闻公告、公共看板展示、荣誉墙展示等，让班组的形象得以强化，起到持续激励的效果；班组内部也可以宣传展示，如将合影张贴在五星班组活动看板上。

3．五星班组的摘星激励

对于通过了星级认证，但是在复查时发现倒退很大（一般评分倒退 20%以上）时，将对班组采取摘星降级的负激励。这个负激励，对短期内遇到了很多困难的班组，即便暂时不做新的晋星申请，也警示它们必须维持现有星级水平。

12.3　改善大会

12.3.1　日本国家级的改善大会

日本有一个"からくり"世界改善大会，是由日本的 JIPM 协会主办的，也是全球唯一不卖产品的低成本自働化（LCIA）展会，参会时的 LCIA 研修目标可参考图 12-9 确定。1994 年举行了第一届，以后逐步规范到每年一届，2020 年是第 25 届。我们恒卓集团每年都会带团参加这个改善大会，福耀、比亚迪、华阳、思嘉、伟易达等多个集团的管理者参加过这个改善年会。

图 12-9　LCIA 研修目标

回顾前 20 届展会，总共展出作品超过 8000 件，参与人员超过 18 万人次。近几年人气逐步飙升，每次展出作品都在 500 件以上，参与人员都在万人以上。2015 年第 20 届改善大会（图 12-10），门票 4 万日元（按当时汇率约合人民币 2200 元），这个门票价格可比汉诺威工业展贵多了，在这种情况下，还有超过 2 万名来自全球的"工粉"们参与了这个展会。

日本这个改善年会为什么这么火爆呢？

1）日本是精益改善的故乡。

2）每年日本各大企业最精彩的改善作品在这里展示，通过参观者的投票，最终评选出每年全日本改善的金奖、银奖和铜奖，最终由日本的劳动省颁发证书。因此，这个大会是日本员工改善的最高荣誉殿堂。

3）改善年会是全球唯一的学习日本精益改善、交流全员参与持续改善文化的大会。

图 12-10　2015 年第 20 届改善大会

12.3.2　日本知名企业集团的改善大会

日本各大企业集团都会开展集团内部的改善大会，胜出的作品才有资格参加 JIPM 协会的改善年会。因此，日本企业的员工都有一个梦想，就是自己的改善作品可以在集团获奖，可以代表集团参加国家级的改善大会，甚至在那个展会上获得最高荣誉，这种荣耀不是金钱可以买来的。

案例

记得 2017 年，我们带领了一个团去广州日产参观，接待我们的陈经理曾经参加过我们的培训，回到日产后搞了一个很不错的改善创新工作坊。每天下班后，都有很多员工在那里做改善，我们的到来让他们很警觉，一打听才知道，原来他们正在做一项了不起的改善，准备冲击日产集团甚至是日本国家当年的改善大会，有点担心他们的"核武器"泄密。通过这个事情，对日本各企业员工的改善氛围可见一斑。

果然，2018 年日本的改善年会上，我们遇到了陈经理带领的广州日产团队，他们正在自信地展示他们的改善作品。

通过这个案例，我们就不难理解，为什么每次我们去日本企业参观时，无论这个企业对改善提案是否有激励机制，员工下班后都会自觉投入很多的精力去研究改善。其实，这是每一个年轻人内心深处的自我实现。

12.3.3　中国的五星班组年会和改善大会

2019 年 10 月 26 日，我们在广东东莞举行了首届五星班组建设高峰论坛（图 12-11），华润、华为和福耀等企业分享了他们的成功案例，比亚迪、华阳集团、蓝思科技、深圳地铁、慕思寝具、鄂尔多斯等众多知名企业的 300 多人参加了峰会和交流，并参观了福耀广州工厂。

图 12-11　首届五星班组建设高峰论坛

大会一致确定，从 2020 年开始，每年的 9 月 9 日举行五星班组的改善大会。我们期望通过更多优秀企业的参与，逐步建立起我国从国家、到企业集团、再到公司/事业部这三个层级的改善大会，逐步形成国家层面的精益改善氛围。长此以往，将非常有利于五星班组的长期可持续推进。

结 束 语

创造性是每一个人作为人类的一员都具有的天赋潜能。
——亚伯拉罕·马斯洛（美国，心理学家）

马斯洛的这句话，是我们最喜欢的一句名言，也是我们十几年在企业管理咨询中最深的感受。

我们曾亲眼见证，一位来自农村的羞涩青年，通过培训、实践和奋斗，成为敢打敢拼的企业中坚；我们曾亲身经历，一位喜欢做老好人的技术员，摇身一变，从班长开始，一路开挂做到企业高管；我们曾亲自打造，一个一盘散沙的团队，通过五星班组的建设，焕然一新，成为自主经营的基层典范；……。凡此种种，几乎每天都在撞击着我们的心灵，孕育这一切的摇篮和温床，就是班组。

中国的改革开放走过了 40 多年的历程。40 多年来，我们经历了发达资本主义国家 200 多年走过的工业时代。在工业 1.0 和 2.0 时代，看不到太多中国的影子；在工业 3.0 的末期，中国走到了时代的前沿，中国的企业管理水平得到了巨大的提升。中高层管理者无论是薪酬还是能力都在逐步跟国际接轨，是时候把班组管理放到应有的高度了，否则，它将成为中国制造由大变强的一道屏障。

非常可喜的是，20 多年在五星班组建设和管理方面的摸索、推进中，我们和企业一起，取得了长足的进步。我们以三星的经营革新为蓝本，深入学习源自丰田的精益管理，坚持十几年在三星中国进行实践。从 2007 年开始，逐步在延锋江森、卡尔蔡司、意玛克、格力、小康汽车、TCL 等企业通过培训和微咨询落地。在华为、比亚迪、海尔、许继集团、华阳集团和沈阳机床等企业的咨询项目中逐步扩大植入范围。感谢这么多企业为我们提供了研究、实践的平台和班组员工自我实现的舞台。

在华润集团这块沃土中，我们全面开花。我们培训了多批精益黄带的内训师，从 2013 年至今，这些黄带内训师，每年培训数千名基层管理者成为精益黄带；我们辅导华润怡宝、华润雪花、华润五丰、华润双鹤、华润三九、华润万家和 OLE 等；我们打造标杆门店、标杆车间、标杆物流中心，让企业战略真的有地可落，让我们看到了众多有责任、有能力、有梦想的领导者和管理者，也让我们亲身感受到了企业强大的生命力、战斗力和学习力。

从 2016 年至今，我们正在打造一个中国最全面、最系统的五星班组的典范——福耀集团。感谢曹德旺董事长用超人的格局、胸怀、眼光和智慧指引方向，集团总裁叶舒亲自策划、亲自部署，带领浮法和汽玻两个子集团的总裁们亲自参与，福耀集团精益推进部和管理学院的领导和内部顾问深入各事业部一线，与我们的顾问通力合作，让我们内外部顾问的合作模式得到了系统的深化和发展。截至 2019 年底，福耀集团全部 539 个班组中，通过一星认证的班组 251 个，二星班组 179 个，三星班组 26 个，星级班组合计 456 个，星级班组占比 84.6%。二十几年来，我们的标准在不断提升，即将申请成为中国的团体标准，我们正在联合福耀集团成为全球五星班组标准的发起人和制定者。

感谢各位与我们一起同行，感谢各位与我们一起创造，才有了五星班组在中国巨大影响的今天。

感谢书籍和标准编制过程中的参与者：中国国际贸易促进委员会商业行业委员会秘书长姚歆及其团队，为五星班组推动研制中国的团体标准、策划提案 ISO 国际标准，为五星班组标准体系建设和五星班组中国标准走向全球做出高瞻远瞩的指引；福耀集团管理学院的陈建华院长及其团队，王增强、饶永权、肖小燕、郭铮、陈煜等作为福耀集团五星班组的内部顾问，为本书提供了大量的案例、照片和素材；华润创业原精益管理部总监唐小林、胡永杰老师及其团队，比亚迪电池事业群副总经理兼 RM1 工厂厂长刘会权团队，许继集团天宇电气董事长郑志博士及其团队，华阳集团副总裁刘斌、信华精机总经理徐立新、精益推进部总监戴向荣及其团队，都为书籍的编写提供了非常有价值的素材和得力的支持；还有在华润集团其他 SBU、华为、海尔、TCL、卡尔蔡司、江森、蓝思科技、思嘉新材和深圳地铁等数十家企业推进项目时，高中基层管理者和员工的智慧创造与支持配合；以及机械工业出版社李万宇编审悉心的指导，书籍写作出版过程中幕后所有工作人员的辛苦付出，在此一并致以诚挚的谢意。

咨询顾问的工作日夜奔波，我们都是利用客户辅导的间隙时间整理书稿，时间仓促，已尽力准确清晰编著，书中如果还有错漏之处，请读者不吝指正，不胜感激！

谭梦　王凯

2020 年春节，于深圳